سلوكيات و

الطب النفسي القضائي

سلوكيات 9

الطب النفسي القضائي

الدكتور وليد سرحان
مستشــــار الطـــــب النفســــي

الطبعة الأولى

2011 – 2012م

المملكة الأردنية الهاشمية رقم الإيداع لدى الدائرة الوطنية (2011/1/208)
616.8914
سرحان، وليد يوسف
الطب النفسي القضائي/ وليد يوسف سرحان. – عمان دار مجدلاوي للنشر والتوزيع، 2011.
( ) ص.
ر.أ: (2011/1/208)
الواصفات: /الطب النفسي// الآداب الاجتماعية/
* تم إعداد بيانات الفهرسة والتصنيف الأولية من قبل دائرة المكتبة الوطنية
* يتحمل المؤلف كامل المسؤولية القانونية عن محتوى مصنفه ولا يعبّر هذا المصنف عن رأي دائرة المكتبة الوطنية أو أي جهة حكومية أخرى.

ISBN   978 -9957 - 02 - 429 - 1   (ردمك)

Dar Majdalawi Pub.& Dis.
Telefax: 5349497 - 5349499
P.O.Box: 1758 Code 11941
Amman- Jordan
www.majdalawibooks.com
E -mail: customer@majdalawibooks.com

دار مجدلاوي للنشر والتوزيع
تليفاكس : ٥٣٤٩٤٩٧ – ٥٣٤٩٤٩٩
ص . ب ١٧٥٨ الرمز ١١٩٤١
عمان - الأردن

◄ الآراء الواردة في هذا الكتاب لا تعبر بالضرورة عن وجهة نظر الدار الناشره.

4

إهداء

إلى كل من يعمل من اجل تحقيق العدالة

إلى كل من يحتاج لإنصاف العدالة

الفهرس

8

تمهـــــــيد

أعزائي القراء

في هذا الكتاب التاسع من سلسلة سلوكيات سوف أتناول العلاقة بين الاضطراب النفسي والسلوك الإجرامي ومخالفة القانون. وهو موضوع كبير وشائك ولكني سأتناول المشاكل الشائعة في هذا الإطار وأجيب عن الكثير من التساؤلات التي تصلني يومياً، وأضع بعضاً من خبراتي عبر العقود الماضية في متناول القارئ.

إن بحث هذا الموضوع يتداخل مع القانون وعلم الجريمة وعلم النفس وعلم الاجتماع والطب الشرعي والعلوم الجنائية من وراثة وبصمات وحامض نووي، كما أنه لابد وأن يدخل في البعد النفسي لأسباب الجريمة، وكيفية التعامل مع المتهم الذي يثبت أنه مصاب باضطراب نفسي، كما تشمل جانب أخر هام وهو تقديم الخدمات النفسية للأفراد من نزلاء مراكز الإصلاح والتأهيل (السجون) سواءً من حكم عليهم أو ما زالوا بانتظار الحكم، هذا بالإضافة للجوانب المدنية في حياة الناس وقدرة الفرد على ممارسة واجباته وحقوقه أو عدم وجود مثل هذه القدرة، مما يعني أنه لابد من تقييم كفاءة الإنسان لإدارة أمواله أو القيام بعمل معين أو إجراء عقود وغيرها، ولا بد في هذا الإطار من تناول القوانين المعمول بها في الأردن فيما يتعلق بهذه الأبعاد .

الكتاب مفيد للعاملين في ميدان العدالة من قضاة ومدعين عامين ومحامين، وأطباء نفسيين وشرعيين، كما أنه مقيد للقارئ الذي يبحث عن ثقافة نفسيه وقانونية عميقة نوعاً ما.

وليد سرحان

عمان 2010

1-ما هو الطب النفسي؟

إن الطب النفسي (Psychiatry) هو أحد فروع الطب وممارسه لا بد أن يكون حصل على بكالوريوس في الطب والجراحة، ثم أكمل اختصاصه في هذا الميدان، وهذا يختلف عن علم النفس (Psychology) الذي يعتبر علماً مسؤولاً عن مراقبة سلوك الحيوان والإنسان في كافة الظروف والمواقع وفي الصحة وفي المرض، في حين أن الطب النفسي يعنى بتشخيص ومعالجة الأمراض النفسية، وهو بذلك يشمل على عدة تفرعات منها:

(1) الطب النفسي العام.
(2) طب نفسي الأطفال والمراهقين.
(3) طب نفسي الشيخوخة.
(4) الطب النفسي القضائي.
(5) طب نفسي الإدمان.
(6) طب نفسي الإعاقة العقلية.
(7) طب نفسي المجتمع.
(8) طب نفسي العلاج النفسي.

والممارس للطب النفسي لا بد أن يكون لديه الخلفية عن كل هذه التفرعات، وفي الدول التي صار عندها العدد الكافي من اختصاصيي الطب النفسي، أصبح هناك أطباء يتخصصون بالمواضيع الفرعية، كالطب النفسي- القضائي، ويصبون اهتمامهم وبحثهم في هذا المجال على سبيل المثال، وآخرون يختصون في طب نفسي- الأطفال والمراهقين وغيرهم في فرع آخر نظرا لأن المعارف والبحوث في فروع الطب النفسي- تضاعف بسرعة، أما في الدول التي مازال عدد الأطباء النفسيين فيها محدوداً كالدول العربية، فإن الطبيب النفسي يمارس كل الاختصاصات الفرعية في وقت واحد.

وعندما تبحث عن جذور الطب النفسي فإن جذوره ضاربة بالتاريخ، وقد جاءت منذ آلاف السنين على لسان أبوقراط وغيره من القدماء، لكن الأطباء المسلمين والعرب في نهضة الحضارة العربية الإسلامية كانوا من أوائل من أرسوا دعائم هذا الطب، ووضعوه على المستوى العلمي الذي يليق به، فقد كان مستشفى بغداد في عهد هارون الرشيد يخصص ربعه للأمراض النفسية، وكذلك مستشفى ابن قلاوون في القاهرة.

وبنيت في العصر الأموي العديد من المستشفيات النفسية في بلاد الشام، ثم في الأندلس، وعندما تقرأ وصف تلك المستشفيات، فإنها حدائق غناء وخرير مياه وفيها عزف للموسيقى، وأصوات مقرئي القرآن الشجية، والحمامات الباردة والساخنة، وغيرها من وسائل الرفاهية، وكان يخصص للمريض خادمين وهذه النسبة تفوق أفضل ما هو عليه الحال الآن في الدول المتقدمة .

والتشخيص في الطب النفسي- يقوم على أساس أخذ السيرة المرضية من المريض نفسه ومن حوله، وتقييم الوضع الصحي والنفسي- له، ثم إجراء بعض الفحوصات الشعاعيه والكهربائية و المخبرية إذا لزم الأمر، كما يمكن إجراء اختبارات نفسية متنوعة بهدف الوصول للتشخيص إذا تطلب الأمر، ثم وضع الخطة العلاجية المناسبة للحالة.

ويعمل عادةً الطبيب النفسي مع فريق من المساعدين ومختصي علم النفس وعلم الاجتماع والتأهيل والتشغيل المهني والتمريض، مما يعطي المجال لرؤية الحالة من كافة الزوايا، والوصول لأفضل النتائج بأسرع وقت ممكن، وليس من الصعب فهم أن الطب النفسي كغيره من الاختصاصات الطبية، الذي يعنى كل منها ببعض الأعضاء أو الأجهزة في الجسم.

فالطب النفسي معنيٌ بالنفس وما النفس إلا مجموعة من المراكز الموجودة في الدماغ، مرتبطة مع بعضها ارتباطا كهربائياً وكيماوياً، وتقوم بمسؤولياتها في الانفعال والمزاج والإدراك والكلام والتصرف والذكاء والشخصية والذاكرة، وغيرها من الوظائف العقلية التي ميز الله بها سبحانه وتعالى البشر دون غيرهم من الكائنات الحية، وهي ليست الروح التي لا تعرف ماهيتها، ولذلك عندما يقال الطب الروحي فنحن ننسب للمجهول.

وقد يكون المجتمع العربي عموماً والدول النامية ما زالت تجد الحرج في الطب النفسي، وذلك لاعتقادات قديمة شعبية خاطئة تعتبر أن المرض النفسي- هو الجنون، في حين أن أرقام منظمة الصحة العالمية تدل على أن أكثر من ثلث مراجعي عيادات الطب العام يشكون من أعراض منشؤها نفسي، ولن يكون غريباً أن يأتي المريض النفسي بخفقان في القلب أو ألم في الصدر أو صداع أو أرق أو أفكار غريبة تراوده، وبالتالي فقد يتشتت في من يراجع؟ ومن يستشير؟، وقد يلجأ للأطباء العامين والأطباء الاختصاصيين غير النفسيين، وغالباً ما تسوقه العادات والتقاليد للمشعوذين الذين يقفون في طليعة المتعاملين مع هذه الأمراض، ولا بد من التأكيد على أن انتشار الأمراض النفسية يفوق بكثير انتشار أي مرض عضوي، فلا يقل الذين يعانون من أمراض نفسية في أي مجتمع من المجتمعات عن خمس هذا المجتمع، مع أن الأرقام في كثير من الدول قد تجاوزت ذلك بكثير، ووصلت إلى الربع أو الثلث من الناس.

وقد يكون من الصعب على المرء أن يفهم ويقبل المرض النفسي لأنه لا يراه، ولكن الإطلاع والمعرفة في هذا المجال تجعل الأمر أكثر وضوحاً، عندما يفهم الإنسان شيئاً عن معاناة الآخرين، أو معاناة أحد أفراد عائلته أو معاناته شخصياً.

ولا شك بأن الدول المتقدمة قد أصبحت تستعمل الطب النفسي وعلم النفس في القضاء والتحقيقات والأعمال الشُرَطية ومكافحة الإرهاب والتوجيه الوطني والحرب النفسية؟ وغيرها من المجالات الغير سريريه والتي لا تعنى مباشرةً بمعالجة المريض، وبالتالي فإن مفهوم الصحة النفسية بشكله الواسع لا يعني فقط عدم وجود المرض النفسي، بل يعني وجود حالة من الاستقرار والتكيف عند الإنسان، والقدرة على الوصول إلى حالة من التوافق الداخلي والخارجي، وهذا لا يتأتى دون جهد ودون توجيه، فبين الصحة النفسية والمرض النفسي منطقة أخرى تسمى سوء التكيف والتي يكون فيها معاناة لكنها لا تصل إلى درجة المرض، وتعرف منظمة الصحة العالمية الصحة بأنها (الرفاه الجسدي والنفسي- والاجتماعي ونوعية الحياة التي يعيشها الإنسان)، وهذا يفتح باب النقاش مع رجال القانون، الذين يرغبون في تصنيف الناس إلى نوعين عاقل ومجنون، والسؤال من هو العاقل ومن هو المجنون؟ وكيف نستطيع أن نلغي من يعانون بدرجات متفاوتة لا تصل إلى ما يرغب رجال القانون بتسميته جنون، ولا ينطبق عليها تعريف الصحة أو تعريف الصحة النفسية، والحل البسيط أن يقبل المُشرع والقانون بتدرج الناس بين تمام الصحة النفسية إلى اشد الاضطرابات النفسية.

2 - ما هو الطب النفسي القضائي(Forensic Psychiatry)

يستعمل مصطلح الطب النفسي القضائي بمعنيين أو في سياقين:

السياق الأول: - وهو محدود ويقصد به ذلك الفرع من الطب النفسي- المتعلق بتقييم وعلاج مرتكبي الجرائم الذين يعانون من الاضطرابات النفسية سواء التي سبقت الجريمة أو تبعت الجريمة.

السياق الثاني: - وهو الأوسع ويقصد به البحث في جميع الأوجه القانونية للطب النفسي بما فيها القوانين المدنية التي تنظم عمل الطب النفسي- نفسه والقوانين المدنية العامة إضافة إلى تقييم المتهمين المرضى أو أولئك المدفوع باضطرابهم ومرضهم.

على ذلك فإن الطب النفسي القضائي يتعاطى مع نوعين من القوانين: -

(1) القوانين المتعلقة بالممارسة العادية للطب النفسي في التعامل مع المرضى وشؤونهم. ويعنى بالممارسة العادية فيما يتعلق بالمرضى وما ينشا عن التعامل معهم من إشكاليات قضائية، مثل الإدخال الإجباري للمستشفى، إعطاء العلاج واحتجاز المرضى رغم أرادتهم، إلى القوانين المدنية التي تعنى بالمسائل المتعلقة بكفاءة المريض وقدرته على إدارة شؤونه الخاصة وممتلكاته وقدرته على إبرام العقود وإعطاء الوكالات وكتابة الوصية.

(2) القوانين المتعلقة بالعقوبات والجرائم المختلفة ما يتطلب من تقييم ومعالجة مرتكبي الجرائم الذين يعانون من اضطراب نفسي أو اضطراب الشخصية أو إعاقة عقلية أو يدعون ذلك، وتقديم التقارير الطبية للمحاكم للتسهيل من عملها وإحقاق العدالة.

وعلى الرغم من أن هذه الفئة من مرتكبي الجرائم قليلة نسبيا إلا أنها تثير العديد من القضايا الشائكة والمعقدة مثل حدود المسؤولية الجنائية، والقدرة على المثول أمام المحكمة وفهم مجرياتها، إضافة إلى تعقيدات متعلقة بالعلاج والسجن وأين يعالج من ارتكب جريمة؟ في العيادة أو السجن أو المستشفى؟ وإلى متى يستمر علاجه؟.

وهنا يجب مراعاة عاملين: -

1- أن هناك تبايناً في القوانين من بلد لبلد، ضمن البلاد العربية وبين الدول العربية ودول العالم.

2- إن المفاهيم الطبية والقانونية ليست بالضرورة متطابقة، وليست بالضرورة أن يستعملا نفس المصطلحات، فمثلاً ينص القانون الأردني على أنه إذا تبين للمحكمة أن المتهم مصاب بالجنون تقرر إعفاءه من العقوبة وتأمر بإيداعه مستشفى الأمراض النفسية حتى يثبت شفاءه شفاءاً تاماً، وعندما نبحث عن تشخيص الجنون لا نجده يستعمل في الطب النفسي، فقد يتم تشخيص مرض كالهوس أو الفصام أو الاكتئاب ويصبح التقرير الطبي النفسي غير منسجم مع القوانين، مما يحدو بالمحاكم

للتقريب بين المفاهيم فتسأل عن إدراك المتهم لِكُنْهِ أفعاله، وإذا لم يكن يدرك تصنفه على أنه مجنون وإذا كان مدرك فهو عاقل ويخضع للعقوبة، حتى لو كان يعاني من الاكتئاب أو القلق الشديد أو الإدمان، وعلى سبيل المثال عندما يسأل القاضي عن شخص في الخامسة والعشرين يعاني من إعاقة عقلية، يجيب الطبيب النفسي أن المتهم مدرك بما يناسب عمره العقلي وهو اثني عشر عاماً وليس عمره الزمني، تدخل المحاكمة في صعوبات قد تؤدي للظلم، ولا يخفي على العاملين في هذا الميدان، أنه في بعض الأحيان خصوصاً عندما تكون الجريمة بسيطة وعقوبتها قد تكون ستة شهور أو سنه، فقد ينصح المتهم أن لا يفصح عن مرضه لأن إثارة مرضه كالفصام ستؤدي إلى بقائه في سجن مستشفى الطب النفسي بقية العمر، أليس هذا انتهاك لحقوق الإنسان ؟وحق المريض في أن ينظر في وضعه بواقعيه، والسؤال المطروح دائماً هل نغير الطب النفسي أم القانون؟ والإجابة واضحة، نحن لا نستطيع أن نُغيَرَ عِلْماً قام على خبرات ودراسات متراكمة ولكن القانون قابل للتعديل والتغيير في كل وقت.

وسنأتي فيما يلي على مجموعة القضايا التي يتداخل بها الطب النفسي مع القانون سواء من الناحية المدنية أو الجنائية.

لقضايا المدنية: وتشتمل على القضايا التالية:

1-   القدرة على كتابة الوصية Testamentary Capacity .

وهي إن يكتب الإنسان وصية لا يتم الطعن بها لأنه كان قد تقدم بالسن وهناك من يظن أو يدعي أنه مصاب بالخرف، وحتى يوضع حد لهذه التساؤلات يفضل أن يكون هناك تقرير طبي نفسي قضائي وقت كتابة الوصية يحدد أن هذا الإنسان وفي هذا الوقت الذي كتب فيه الوصية كان مدركاً لما يفعل وعلى دراية بآثار الوصاية على الورثة.

2-   التوكيلات Receivership.

إن كتابة وكالات خاصة وعامة قد تكون موضع خلاف وطعن إذا أثير موضوع الاضطراب النفسي عند الفرد، وفي الحالات التي يكون فيها شك لابد أن يتم تقييم الحالة النفسية للفرد وأنه قادر على كتابة وكالة.

3-   الوصاية Guardianship

إن الحجر على إنسان مريض وتعيين وصي عليه من الأمور الضرورية في بعض الحالات، وكما أن هناك من يحاول استغلال هذا الأمر، وكأن الوصي له الحق في مصادرة ثروة المحجور عليه وهذا غير صحيح، فالوصاية تعني سيطرة المحكمة الشرعية أو الكنسية وما على الوصي إلا تنفيذ ذلك.

18

4- **العقود والمبايعات Torts and Contracts**

إن من يقوم ببيع ارض بسعر معين أو شراء سلعه معينـة قـد يكـون موضـوع خلاف كذلك، وقد يتطلب الأمر إجراء تقييم لهذه القدرة والتي قد تكون متأثرة أو لا حتى لو كان الشخص المعني يعاني من اضطراب نفسي معين.

5- **الزواج والطلاق:**

قد يُطرح موضوع الاضطراب النفسي عند الزواج أو طلـب الطـلاق، والقـوانين المعمول بها لازالت غير كافية، ولا تحـدد الاضـطراب النفسي- بوضـوح ولا تطالـب بتقارير طبية نفسية على الأغلب، وفي كثير من الأحيان يكتفي القاضي بوجهة نظره الشخصية.

6- **التعويضات Compensations**

وهي الحالات التي يصاب بها الإنسان باضطراب نفسي كنتيجـة مبـاشرة لآمـر معين مثل حوادث سير أو التعرض لمحاولة مثل قتل أو اغتصاب أو التعـرض لعمـل إرهابي، مثل التعويضات التـي طالـب بهـا العـاملين في الأمـم المتحـدة ممـن تـأثروا بحرب الخلـيج الأولى عـام 1991 ولحقـتهم أضرار ماديـه ومعنويـة آدت لمطـالبتهم الأمم المتحدة بالتعويض

7- **الأهلية لقيادة السيارات Fitness to drive**

إن القوانين العربية لا تتناول بصوره واضحة الاضطرابات التي تمنع مـن قيـاده السيارات ولا تطلب تقارير لذلك، ولا تحدد عمـر معـين لا يسـمح بعـده بالقيـادة ؛وهنا قد تظهر مشاكل كثيرة ومعقدة عند وقوع حوادث خصوصاً من قبل شركـات التأمين.

القضايا الجنائية وتشتمل على القضايا التالية: -

ويستفاد من الطب النفسي القضائي في هذا المجال على الأغلب في تقدير حالتين:

أ- المسؤولية الجنائية (Criminal responsibility):

وهي أن يكون الفعل قد ارتكب عن قصد وإدراك وهو ما يصطلح عليه في القانون (أن المتهم مدرك لِكُنْهِ أفعاله).

ب- القدرة على المثول أمام المحكمة(Fitness to plead):

من قبيل فهم التهمة، فهم العقوبة، فهم مجريات عملية المحاكمة، القدرة على مناقشة المدعي العام والمحامي، والقدرة على مناقشة الشهود.

ولا يعتبر من مهام الطبيب النفسي- إن يمارس التحقيق مع المتهمين آو يشارك في أي شكل من أشكال الضغط والتهذيب لانتزاع الاعترافات، وذلك أن كافة القوانين والمواثيق والأخلاقيات الدولية تمنع ذلك، والقانون بشكل عام لا يقبل بآي اعتراف تم انتزاعه بواسطة طبيب نفسي.

3 -تصنيف الاضطرابات النفسية
(Classification of Psychiatric Disorders)

إن الاعتماد على مشاهدة الظواهر المرضية ورؤية أعراض المرض النفسي- بعيداً عن فلسفته ومسبباته، كان له جلّ الأثر في إحداث تصنيفاتٍ عديدة للأمراض النفسية مصبوغة بالدقة والحكم بناء على توفر مواصفات معينةً لدى المريض. ولهذا كان التصنيف الأمريكي الرابع (DSM4) والتصنيف الدولي العاشر للأمراض (ICD_{10}) واللذان وفرا تقسيماً تفصيلياً للاضطرابات النفسية محددة ودقيقة ويمكن للمهتمين أن يعودوا إليها لمزيد من المعرفة.

التقسيم القديم والتقليدي للاضطرابات النفسية يشمل تقسيمه إلى الأمراض العصابية (Neurotic disorders) والأمراض الذهانية (Psychotic disorders)، وبالرغم من الانتقادات الكبيرة الموجهة لهذا التصنيف إلا أنني أود الإشارة إليه لفائدته وعمليته خصوصاً للمهتمين غير المتخصصين في الطب النفسي وهو يحمل تطبيقات عملية من الناحية الشرعية والقضائية كذلك.

أ- **الأمراض العصابية:** تلك الأمراض النفسية التي تُحدث اضطراباً في أداء الشخص عما كان عليه سابقاً، ولكنها لا تفقده الاتصال المنطقي مع الواقع، فهو يتعامل مع الناس والكون ضمن حقائقه ومعطياته، يكون الشخص هنا معانياً من مرضه ويقوم بمراجعة الطبيب بإرادته ذلك أنه مهتم بالبحث عن حلول مناسبة تعيد له أداءه السابق وراحته السابقة.

وتشمل هذه الفئة المرضية العديد من الاضطرابات النفسية المعروفة كالقلق بأنواعه مثل القلق العام، القلق الاجتماعي، الرهاب، اضطراب الهلع، اضطراب الشدة واضطراب شده ما بعد الصدمة، الوسواس القهري، تشمل كذلك الاكتئاب، القلق الاكتئابي، الاضطرابات التحويلية، اضطرابات الطعام، والتجسيد والجسدنه والمراق.

ب- <u>الاضطرابات الذهانية</u> : تتمثل بفئة مرضية يحدث لديها اضطراب شديد في الأداء العام، نتيجة لخلل في التفكير والإدراك والعواطف، المريض هنا يفقد اتصاله المنطقي مع المحيط، فهو قد لا يرى الأشياء كما نراها، وقد يحلل الأمور بطريقة تحيد بشكل كبير عن المنطق، حتى يصل اعتقاده درجة الوهم. المريض الذهاني لا يرى نفسه مريضاً على الأغلب ولا يستطيع أن يستبصر علته وهو لهذا لا يسعى عادةً إلى المساعدة أو مراجعة طبيب نفسي، لأنه مؤمن بصدق اعتقاده ومصر على ما تمتلئ به نفسه من الأفكار الخاطئة والعواطف غير المنطقية. وهو قد يقدم على إيذاء نفسه أو الآخرين ضمن إيمانه المطلق بصحة ما يعتقد ومن منطلق إيمانه بالاضطهاد أو العظمة أو الذنب.

تشمل هذه الفئة العديد من الاضطرابات كالفصام، الاضطراب الوجداني الثنائي القطب، الفصام الوجداني، الاكتئاب الشديد المترافق مع أعراض ذهانية وغيرها، و اضطرابات الوهم ومنها (الوهم ألزوري) والغيرة المرضية.

يمكن كذلك أن نفرد فئة ثالثة للاضطرابات النفسية هـي اضـطرابات التـأقلم وهي تشمل اضطراب الشخصية، الإدمان والاعتماد على العقاقير وغيرها، وهي أكثـر صعوبة في تناولها من الناحية القانونية.

التصنيف العالمي العاشر (ICD10) صنف الاضطرابات النفسية تحـت عشرة بنود هي:

1. الاضطرابات النفسية الناتجة من الاضطرابات العضوية كالخرف.
2. الاضطرابات النفسية الناتجة من استخدام العقاقير كاستخدام الهيروين.
3. الفصام العقلي واضطرابات الوهم والاضطرابات الذهانية الأخرى.
4. الاضطرابات الوجدانية كالاكتئاب، والزهو أو الهوس.
5. الاضطرابات العصابية المرتبطـة بالشـدة والاضطرابات المرتبطـة بالقلق، كالرهاب والوسواس والفزع واضطراب شده ما بعد الصدمة، واضطرابات التجسيد.
6. الاضطرابات السلوكية المترافقة مع اضطرابات فيزيولوجية كالقهم والنهام العصبي وهي اضطرابات الطعام.
7. الاضـطـرابات في الشخصـية البالغـة كالشخصـية الضـد اجتماعيـة أو السيكوباثية.
8. التخلف العقلي أو الإعاقة العقلية.
9. اضطرابات التطور النفسي كالتوحد.

10. الاضـطرابات الســلوكية والعاطفيـة والتـي تحصــل في فـترة الطفولـة والمراهقة .

وتحت كل بند رئيس عدد كبير من التقسيمات الجزئية المفصلة.

4 -الإعاقة العقلية (Mental Handicap)

تعرف الإعاقة العقلية كما كانت تسمى سابقاً بالتخلف العقلي، بأنها نقص في نمو القدرات العقلية بحيث أن العمر العقلي للفرد يكون أقل من العمر الزمني، وهذا يعني أن الفرد قد يصل بعمره العقلي إلى سن سبع سنوات ويتوقف عند هذا الحد، بينما يستمر عمره الزمني ويصل سن العشرين أو الثلاثين، وبالتالي فإن هناك اختبارات نفسية كثيرة وتقييم سريري لتصنيف المعاقين عقلياً إلى درجات: -

<u>معدل الذكاء</u>

(1) الإعاقة الحدية (بين الإعاقة والذكاء الاعتيادي)	(70 - 80)
(2) الإعاقة البسيطة	(69 - 55)
(3) الإعاقة المتوسطة	(54 - 40)
(4) الإعاقة الشديدة	(39 - 25)
(5) الإعاقة الشديدة جدًا	(أقل من 25)

أما الذكاء الطبيعي فهو ما يزيد عن 80، ومعدل الذكاء عند الناس هو 100، وقد يصل الذكاء إلى 120 وعندها يكون فوق المعدل أما عندما يتجاوز 140 يصبح بدرجه التفوق والعبقرية، ويمكن القول أن عظماء التاريخ من العلماء مثل اينشتاين ونيوتن يقدر ذكاءهم ب 185.

أما أسباب الإعاقة العقلية فهي ليست واضحة دائماً فإن أكثر من ثلثي الحالات يصعب فيها تحديد سبب الإصابة، ولكن بشكل عام فإن الأسباب في الإعاقة العقلية تقسم إلى ما يلي: -

(1) اضطرابات جينية وراثية منها السائد والمتنحي، وهذه تشمل بالدرجة الأولى اضطرابات التمثيل الغذائي.

(2) اضطرابات الكروسومات أو الصبغيات ومثال عليها متلازمة داون أو الأطفال المنغوليين.

(3) الإصابات أثناء الولادة بما فيها من نقص الأكسجين الواصل للدماغ، والتأخر في التنفس، والضغط على الرأس وما يترتب عليه من نزيف، وإصابات والتهابات الدماغ.

(4) إصابات الدماغ الناتجة عن تلف في خلايا الدماغ في الطفولة، كالتهابات الدماغ والتهابات السحايا. وإصابات الرأس وأورام الدماغ.

هناك بعض الاضطرابات النفسية التي تصيب الأطفال، بعد أن يكونوا قد أمضوا فترة من النمو الطبيعي مثل التوحد ومتلازمة أسبرجر واضطرابات التطور الشمولية الشديدة.

من المعروف أن الإعاقة العقلية بغض النظر عن أسبابها وأشكالها ودرجاتها، فإنها تبقى غير قابلة للعلاج أ والشفاء، وإنما يتم تقييم لهؤلاء المعاقين وتقييم درجة الإعاقة، وإدخالهم مراكز للتربية الخاصة يتم فيها وضع برامج لكل طفل حسب قدراته وإمكاناته وليس حسب مناهج مثبتة سابقاً، ويكون الهدف الوصول للمعاق إلى أكثر درجة من التأقلم أو التكيف، واستعمال قدراته وإمكانية للاعتماد على نفسه، وكثير من هؤلاء المعاقين قد

يكونوا مصابين بداء الصرع، أو باضطرابات سلوكية، أو فرط الحركة أو العنف، مما يتطلب تدخل لمعالجة هذه المظاهر، وليس لمعالجة الإعاقة العقلية بحد ذاتها، ومع الأسف لا يزال الكثير من الناس لا يعرفون إلى أي طبيب يتجهون عندما يلاحظون تأخراً في قدرات الطفل العقلية، وقد يستغربون أن الإعاقة العقلية تتبع للطب النفسي، و أول مره يكتشفوا ذلك عندما يقوم المعاق بسلوك يصل إلى عِلم المحاكم وعندها يُطْلَب تقرير طبي نفسي عن وضعه. والقانون الأردني لم يوضح مفهوم الإعاقة العقلية والتي هي ببساطة أن الإنسان يحاكم على أساس عمره العقلي وليس الزمني، وهذا لا بد أن يكون واضحاً في كل القوانين من أصول المحاكمات الجزائية وقانون العقوبات وقانون الأحوال الشخصية، ولابد أن يساهم قانون الأشخاص المعاقين والمجلس الأعلى للأشخاص المعاقين في هذا المجال بما يضمن حقوق هؤلاء الأشخاص فيما لو قاموا بأي عمل يتعارض مع القانون.

5 -اضطراب القلق العام
(Generalized Anxiety Disorder)

إن القلق النفسي بشكله الواسع يحوي على القلق العـام والفـزع والمخـاوف المرضية، وهو واسع الانتشار في العالم ويؤثر على نسبة كبـيرة مـن النـاس، ومظاهر القلق النفسي العام هي: -

(1) الرهبة، الخوف، الترقب، الانزعاج من أي صوت أو ضجيج.

(2) الصداع، الدوخة، غباش العيون، وصنين الأذنين، وجفاف الفم.

(3) صعوبة البلع، الشعور بضغط على الرقبه، الشعور بالضغط على الصدر، ألم في الصدر، ضربات القلب السريعة و الخفقان.

(4) اضطرابات الهضم، آلام في المعدة، انتفاخ، غازات، إمساك و إسهال.

(5) شد عضلي في أنحاء الجسم مما يؤدي لآلام الجسم والمفاصل والأطراف.

(6) الاستغراق بـالتفكير في هـذه الأعـراض والتخـوف منهـا ومـن عواقبهـا وتطوير مخاوف منها ومن الموت.

(7) قد يطور مريض القلق العام مسلكيات سلبية مثـل تنـاول المهـدئات أو تعاطي الكحول أو المـؤثرات العقليـة مـن تلقـاء نفسـه ودون الرجـوع للطبيـب.

وكل هذه المظاهر كما هـو واضـح تبـدو وكأنهـا عضـوية، مـما يـدفع هـؤلاء المرضى لزيارة الأطباء من مختلف التخصصات وإجراء

العديد من الفحوصات المخبرية والشعاعية التي قد ترهـق كـاهلهم دون الوصـول إلى نتيجة.

ويستنكر هؤلاء المرضى النصيحة التي قد يسـمعوها بـأن يراجعـوا الطبيـب النفسي، وذلك كـونهم لا يعـانون مـن مشـاكل أسريـة أو ماديـة أو مهنيـة، وهـذه المشاكل ليست بالحقيقة ضرورية لتشخيص القلـق، فـالقلق يشـخص عـلى أسـاس الأعراض وليس على أساس الأسباب.

ومريض القلق من المستبعد جداً أن يقدم على مخالفات قانونية، أو مشاكل وجرائم، وعلى الأرجح فهو بخوفه الواضح قد يكون حتى في تقـديم شـهادته كثـير الارتباك وصعب في الحديث والحوار إلى درجة قد تعيق أحياناً التحقيق، وقد يبدو من اضطرابه الشديد وكأنه يخفي شيئاً، لكن الأمر يتضح عندما يفهم المحقق بـأن هذا الشاهد أو المتهم يعاني من القلق النفسي أساسـاً، أو تطـور لديـه قلـق نفسي-عندما وصل للاتهام أو الشهادة فـبعض الشخصـيات سـهلة التـأثر بهـذه المواقـف، وتكون ردود الفعل الطبيعية من توتر مقبول عند المثول أمام المحاكم أو التحقيـق مبالغ فيها وتصل لدرجة مرضية.

6-اضطراب الفزع (Panic Disorder)

نوبات الفزع هي نوع آخر من القلق، ويأتي على شكل مفاجئ، مـن نوبـات الخوف الشديد والشعور بالإعياء والخفقان والاختناق والدوخة، وحتمية المـوت أو المرض الخطير، ولا يستمر سوى بضع دقائق، يخف تدريجياً ويصبح المريض رهينـة انتظار النوبة الثانية، التـي قـد تـأتي خـلال أسـابيع أو أيـام أو شـهور، وقـد يصبح تكرارها يومياً مما يعيق حياة الفرد، فقد يصل بـه الأمـر إلى الخـوف مـن الخـروج والانقطاع عن العمل، وقد يؤدي ذلك إلى عدم دخول الأمـاكن المزدحمـة ووسـائل المواصلات ومحلات السوبر ماركت الكبيرة، وهذا يسمى عندئذ رهـاب السـاح، ولا عجب أن يختلط القلق العام بـالفزع في رهـاب السـاح، وإذا طالت مـدة المـرض والمعاناة قد يتطور لدى المريض شعور باليأس والإحباط والقنوط، مما يجعله ميالاً للكآبة، ورغم خوفه من الموت يصبح متمنياً له. وهـذا المـريض مشغول في نفسه ومن المستبعد أن يخالف القوانين والانظمه.

وقد حدث أن طلب أشخاص يعانون من اضطرابات الفزع ورهاب الساح بحيث أنهم لا يغادروا منازلهم منذ سنوات، وتخلفوا عن استدعاء المحكمة وصدرت ضدهم أحكام غيابية.

31

7- اضطراب الرهاب (Phobia)

يعتبر من الاضطرابات الشائعة التي تصيب نسبة عالية مـن النـاس، وفيـه يتجاوز الخوف الحدود المنطقية ويترافق هـذا مع تجنـب المـريض للمواقـف المثيرة للخوف، ويصبح الرهاب محور حياة ومعاناة المريض.

الرهاب الاجتماعي (Social Phobia):

وفيه يتركز الخوف حول فكرة الحديث والظهور أمام الناس والشـعور أن كل الحاضرين سوف يراقبوه وينتقدوه، فيخاف المريض ويرتبك ويتعرق وترتجف يديه ويتهدج صوته ويحمر وجهه، كما أن المريض يشعر بخفقان شديد في القلب وضيق تنفس وغثيان ورغبة قوية في الهروب من الموقف وقد يهرب فعلاً ويشعر بالراحة. وهذا الرهاب شائع يصل انتشاره إلى 13% من الناس بدرجات مختلفـة منهـا ما تكون شديدة وكافيه لمنع الفرد من ممارسـة حياتـه العاديـة، وكذلك منعـه مـن المثول أمام المحكمة آو الخضوع للاستجواب وحتى الحضور للشهادة مما يعيق سـير العدالة وقد يثير الشكوك حوله.

رهاب الساح (Agoraphobia)

وفيه يخاف الإنسان من الأسواق المزدحمة ومراكز التسوق الكبيرة والمساجد ودور السينما والمسرح والأفراح والأتراح ووسائل المواصلات العامة، حتى الخـروج من البيت لمسافات قصيرة أو بعيدة يصبح صعباً ثم مستحيلا وقد يصل الأمـر في البعض ألا يغادر البيت لعقود من الزمن، وبالتالي قد يمتنع عـن تلبيـة أي استدعاء للمحاكم.

رهاب الموت (Death Phobia)

من الطبيعي أن يخاف الناس من الموت، ولكن في هذا الرهاب مبالغـة كبـيرة في الخوف من الموت بتفاصيله الكثيرة وما يمكن أن

يؤول إليه الإنسان بالإضافة إلى حتمية الموت وكونه مفاجئ، والتفكير في ما بعد الحياة من جنة ونار وبالتالي تجنب كل ما يمكن أن يمت للموت بصلة مثل بيوت العزاء والجنازات والمقابر وكل ما له علاقة بالموت حتى سماع القران الكريم أو دخول المسجد وقت الصلاة على ميت وقد يشكل هؤلاء المرضى صعوبة في مجريات التحقيق مثل رفضهم التعرف على الجثة أو الخوض في تفاصيل ما حدث في جريمة قتل.

<u>الرهاب المحدد (Specific Phobia)</u>

يكون الخوف فيه مختصراً على أمر أو موقف واحد وهناك ما يزيد عن 400 نوع من هذا الرهاب المحدد، مثل رهاب المصاعد، رهاب الأماكن العالية، رهاب الحيوانات، والظلام وطبيب الأسنان والطيران.

وفي كل أشكال هذا الرهاب تتفاوت الحدة والشدة والمدة، ولكن من الممكن أن يصل الرهاب إلى درجات شديدة جدا تؤثر في حياة الفرد وسلوكه تأثيرا كبيرا لدرجة تجعله غريب الأطوار، فالذي يعاني من رهاب المصاعد قد يضطر إلى أن يصعد إلى الطابق العشرين على الدرج حتى لو كان في هذا تأثير خطير على صحته.

معظم مرضى الرهاب يعتقدون أن هذا قدرهم ولا يخطر ببالهم أن كل هذه المعاناة التي يعيشون بها معروفة في الطب النفسي ومن أكثر الاضطرابات النفسية سهولة في علاجها.

وعموما فان مرضى الرهاب ليس من الفئات المتوقع قيامهم بالجرائم ولكن من المتوقع مصادفتهم في مراحل التحقيق والمقاضاة المختلفة بما يربك تحقيق العدالة.

8 - اضطراب الوسواس القهري
(Obsessive Compulsive Disorder)

يصل انتشاره إلى 2.5% من السكان، ويتميز بوجود أفكار أو صور أو تصرفات، يشعر المريض أنها من داخل تفكيره وأنها سخيفة، ولكنه مضطر للرضوخ إليها مما يجعله يعاني طوال الوقت من هذه الأفكار، فهو ليس اضطراب ذهاني ويعي المريض سُخْفَ أفكاره ولكنه يشعر أنه مجبر ومكره عليها، والمصابين باضطراب الوسواس القهري لا يقومون بتنفيذ أفكارهم العنيفة، ولكنهم قد يلجأون للجهات الأمنية و القضائية للشكوى من هذه الأعراض، مثل أن تكون لدى أمٍّ فكرة بأنها سوف تقوم بطعن ابنها المولود الجديد بالسكين، أو حرق أبنائها جميعاً، وبذلك قد تتقدم بتسليم نفسها خوفاً من أن ترتكب هذه الجريمة، وهذا أمر مستحيل إذا كان ضمن الوسواس القهري فقط، ولكنه ممكن إذا كان ضمن حالة اكتئاب أو ذهان شديدة.

هناك فئة المرضى المنغمسين بالسلوكيات القهرية مثل التغسيل وإعادة التغسيل، وتكرار الوضوء، وتكرار الصلاة، وتكرار التأكيد على إغلاق الأبواب والنوافذ وإغلاق الغاز وكل ما في البيت، كما أن هناك أفكاراً تتعلق بالكفر وغالباً ما تكون بين المتدينين، لأن الفكرة حتى تكون وسواسيه ومؤلمة لا بد أن تتناقض مع مبادئ الشخص. هناك صور وسواسيه قد تمر في تفكير المريض مثل صور جنسية مع المحرمات، أو صور جنسية مع أشخاص من نفس الجنس أو مع الأطفال، وغيرها من الصور التي يرفضها

المريض ولا يستطيع تحملها، مما يجعله في قهر ونكد ومعاناة وقلق دائم.

وهذا الاضطراب من الاضطرابات التي تكثر بين أصحاب الشخصية الوسواسة، وهؤلاء الأفراد يميلون إلى الدقة والتأكد والحرص في حياتهم عموماً، وهم بالتالي يشكلون صعوبات في التحقيق والبحث الجنائي، سواء كانوا شهود أو متهمين أو أطراف في نزاع مدني، وذلك لتمسكهم بدقة التفاصيل، وهذا يؤدي إلى مشاكل في التحقيق، وإرباك لمجرى العدالة في أحيان نادرة.

9 - اضطراب الصدمة الحاد
(Acute Stress Disorder)

هو اضطراب عابر يحدث نتيجة تعرّض الإنسان لشدّة أو صدمة كبيرة تخرج في حدتها عن الحياة المألوفة في الحياة اليومية، ويستمر هذا الاضطراب لساعات أو أيام فقط و ينتهي أو انه يمتد ليصبح اضطراب شدة ما بعد الصدمة، والحادث المسبب لا بد أن يكون فيه تهديد خطير لأمان أو سلامة الشخص أو احد أحبائه، كالكوارث الطبيعية من زلازل أو براكين أو اعتداء أجرامي كالقتل آو الاغتصاب، أو حدوث تفجيرات وأعمال إرهابية بشعة أو الحروب والنزاعات المسلحة وما فيها من ذعر ومناظر بشعة، ويزيد احتمال حدوث هذا الاضطراب في كبار السن ومن يعانوا من مشاكل نفسية أصلا وفي النساء أكثر من الرجال.

أعراض هذا الاضطراب هي الصدمة والتُبلد والذهول والضيق الشديد وعدم التركيز أو الانتباه وعدم القدرة على فهم ما حدث أو سببه، وقد ينسحب وينعزل أو يتهيّج ويزيد نشاطه، وتظهر الأعراض خلال 10 دقائق وتختفي خلال بضعة أيام، وقد يحدث فقدان ذاكرة جزئي آو كلي للحدث.

وقد يواجه العاملون في أجهزة الأمن والنيابة العامة أفراداً تعرضوا لهذه المواقف ويعانون من اضطراب الصدمة الحاد وقد لا يكونوا في وضع يسمح بالتحقيق معهم آو أخذ شهاداتهم ولا بد من القيام بالتقييم النفسي- أولا لتحديد الوقت المناسب للتحقيق معهم واستجوابهم، وعلى الأغلب فان هذه الأعراض تزول خلال أيام ما لم

تمتد لاضطراب شدة ما بعد الصدمة الذي يحتاج إلى شهر كامل حتى يتشكل.

10- اضطراب شدة ما بعد الصدمة

(Post-traumatic stress disorder)

يظهر هذا الاضطراب كرد فعل متأخر آو ممتد زمنيا بعد التعرض لحدث كبير آو صدمة، ويقصد بالصدمة ما ذكر أعلاه وأعراض هذا الاضطراب من ثلاث أشكال، **أولها** شريط الذكريات واجترار الحادث من خلال صور اقتحامية وأحلام وكوابيس، **وثانيها** هو الإحساس بالخدر والتبلد الانفعالي والانفصال عن الناس والعزلة وعدم التفاعل مع العالم المحيط وتجنب كل الأماكن آو النشاطات والمواقف التي قد تذكر بالحادث **وثالث** هذه الأعراض هو زيادة التنبيه العصبي و اليقظة وما يؤدي هذا من صعوبة في النوم وعدم تحمل أي صوت آو إزعاج، كل هذه الأعراض تكون مرتبطة بالحادث وانتشارها في المجتمع المدني هو 6% أما في الكوارث والحروب فإنها تصل إلى ثلث الذين تعرضوا للصدمة على الأقل، وكثيرا ما يتورط هؤلاء المرضى في إساءة استعمال الكحول والمخدرات والمهدئات للتغلب على معاناتهم دون جدوى إذ يضيف هذا إلى مشكلتهم مشكلة جديدة الاوهي الإدمان.

من الناحية القانونية فان هذا الاضطراب النفسي الوحيد الذي يمكن أمام القضاة الجزم بأنه نتيجة مباشرة للصدمة آو الحدث، وبالتالي قد يكون من السهل الحصول على التعويضات المناسبة، أما الاضطرابات الأخرى فلا يمكن الجزم من الناحية الطبية القانونية أنها ناتجة عن حادث آو صدمة معينة، فالاكتئاب والقلق والفصام لها أسباب عديدة متداخلة يصعب الجزم أنها نتجت عن موقف آو حادث معين.

11- الاضطرابات الذهانية
(Psychotic Disorders)

هي مجموعة الاضطرابات التي كانت تسـمى العقليـة والتـي تتميـز بابتعـاد المريض عن الواقع والحقيقة، ودخوله في مجموعة من الاضطرابات الأساسية منها:

(1) الهلاوس: (Hallucinations)

ويقصد بالهلاوس إدراك دون إحسـاس، أي أن الشـخص يـدرك وجـود إنسـان أمامه أو حيوان، رغم عدم وجود أي شيء، وقد يحدث هـذا في كـل الحـواس، فمـن الممكن أن تكون الهـلاوس بصريـة برؤيـة أشـياء غـير موجـودة، أو سـمعية بسـماع أصوات غـير موجودة، أو شـميه بشـم روائـح غريبـة أو كريهـة، أو ذوقيـة وهـي استطعام مذاقات غير موجودة، أو حسية وهي الشعور بأن هناك أشياء تتحرك في الجسم أو تحت الجلد، وقد يشعر المريض بأنه يمارس الجنس، وقد يـؤدي هـذا إلى بعض الاتهامات للآخرين بالاعتداء الجنسي.

(2) الأوهـام: (Delusions)

هي مجموعة الأفكار الخاطئة الراسخة المسيطرة على المريض والتي لا تقبـل النقاش المنطقي، ولا تتمشى مع الخلفية الاجتماعية والثقافية والتربوية للفرد، ومنها أشكال كثيرة مثل وهم العظمة، بحيث يعتقد المريض أنـه زعيم أو نبي أو إمـام للأمة أو المهدي المنتظر، ومنها ما هو اضطهادي باعتقاد المريض أنه مراقب ومتابع من قبل الأجهزة الأمنية والمخابرات المحلية والعالمية والأقمار الصـناعية، وأن هنـاك من يتآمر عليه ويدبر له المكائد، وأوهام الإشارة للذات، والتي يعتقد فيهـا المريـض بأن كل ما يجري حوله من

41

تصرفات لا بد وأن يكون لها علاقة به، وبأسلوب سيئ مما يجعله في حالة خوف وتوتر، وهناك أيضاً أوهام العدم والتي يشعر فيها المرء بأنه ميت أو أن مدينة قد اختفت أو أن أعضاءه أو أحشاءه قد توقفت عن العمل أو اختفت. عمان وهناك أشكال أخرى من الأوهام مثل التوهم المزدوج، بأن الشخص الذي أمامه هو نسخة عن شخص آخر، أو أنه قد تم تبديل الناس يبعضهم البعض، كما أن هناك أشكال من الوهم في الذاكرة، بحيث أن المريض يعود لفرض الأوهام على ذاكرته الطبيعية لسنوات مضت، فيحولها إلى سلسلة من الأوهام. وكثيراً ما يلجأ المرضى نتاجاً لأوهامهم باللجوء إلى الأمن والشرطة وإقامة الدعاوي ضد الأشخاص الذين يقع الوهم عليهم، وقد يتسبب هذا في بعض الحالات بشكاوي هائلة تزعج السلطات الأمنية والقضائية، وتشمل هذه الشكاوي الأطباء النفسيين، والمدعين العامين والقضاة وكبار المسؤولين والوزراء وأي شخص آخر.

(3) السلوك العام:

يتأثر السلوك العام في الاضطرابات الذهانية بشكل ملحوظ وقد يضطرب السلوك والاهتمام بالنفس والنظافة والعناية باللباس، ومن الممكن أن يظهر المريض بمظهر غريب وغير لائق لمستواه وشخصيته العادية، كما أنه قد يتصرف بتهور حيث أن يُقدم على الطلاق أو التبذير أو الاستقالة، كما قد تُقدم المرأة على محاولة خنق أطفالها أو وليدها، كل هذا ينبع من الهلاوس والوهم.

(4) القدرات العقلية

ليست معنية بالدرجة الأولى في الاضطرابات الذهانية، خلافاً لما يعتقده الكثير من الناس، ويقول البعض بأن فلان في منتهى الذكاء أو أنه يفهم كذا أو أنه يعرف اسمه لنفي الذهان، وحقيقةً أن الذهان يصيب الناس من كافة المستويات الاجتماعية والثقافية والتعليمية والاقتصادية، ومن الأذكياء إلى متوسطي الذكاء إلى العباقرة والمعاقين عقلياً، وأنواع الذهان هي:

(أ) الفصام.

(ب) اضطرابات الوهم.

(ج) اضطرابات الذهان الناتجة عن المخدرات.

(د) الزهو الاكتئابي أو (اضطراب المزاج مزدوج القطب)

12-الفصــام (schizophrenia)

إن اضطراب الفصام من أكثر الاضطرابات تداخلاً بالجريمة والقضاء، وهو يصيب 1% من سكان العالم، وهذا المرض يحدث عادة ما بين سن 15- 28 عاماً، وهو عمر الدراسة الجامعية، يكون في الإناث متأخر قليلاً عن الذكور، وقد يبدأ الفصام بشكل مفاجئ أو تدريجي، وقد يلاحظ على المريض العزلة والهزل والتقصير في واجباته اليومية والمدرسية والجامعية، كما يلاحظ أحياناً الإهمال بالنظافة الشخصية ونظافة الفراش والملابس، وقد يظهر عليه بعض التصرفات مثل شراء أسلحة أو تعتيم الغرفة ووضع أقفال على الأبواب والشبابيك، يراقب الحديقة طوال الليل وكأنه ينتظر عدواً، وهو بالفعل مقتنع أنه ينتظر عدواً وهمياً تصوره من خلال الهلاوس والأوهام، بأن هناك مجموعة متآمرة عليه، تعلق وتتحدث عنه بأنه قام، جلس، تحدث، سيأكل وغيرها، أو يسمعهم يقولون سنقتله، سنمثل به أو سنفضحه، وغيرها من عبارات الشتم والإرهاب.

وأحياناً يكون الصوت على شكل تعليق بأنه سيقوم الآن، سيدخل إلى الحمام، سيخرج، سيجوع، سيفتح الثلاجة، مما يجعل هذا المريض يشعر بأن أفكاره تبث للعالم، وأن كل العالم يعلم ما في داخله، كما قد يعتقد أن هناك أفكاراً تزرع في دماغه وهي ليست أفكاره، أو تسرق منه بعض الأفكار وتتركه في حيرة وفراغ، كما أنه قد يعاني من الهلاوس بأشكالها المختلفة، ويطور معتقدات، خصوصاً إذا تدخل المشعوذون، فالذي يشعر بهلاوس جسدية، وتشعر المرأة بأن هناك جماعاً، يقال لها بأن هناك جناً قد

45

تلبسها، وهذا يصبح هاجساً يومياً، ومن الممكن أن تكون هناك صور ورؤى تظهر للمريض أو المريضة مما يعزز الأقاويل بأن شياطين أو عفاريت أو جن تركبه أو تتزوج المريض، وهذه كلها تغير مسار حياة المريض، وقد تجعله أحياناً عنيفاً للدفاع عن النفس من المؤامرة الموهومة، أو أنه ينفذ أوامر الصوت بإيذاء الآخرين أو السرقة أو إشعال النار وما إلى ذلك.

يكون المريض في هذه الحالة تحت اعتقاد راسخ وأكيد بهذه الهلاوس وهذه الأفكار، وبكل ما يمر بخاطره، قد يعتقد أنه ملك أو نبي، وأن كل هذه المؤامرات صنعت للتخلص منه، قد يلجأ إلى التعبد الزائد أو بالعكس ترك العبادات نهائياً، قد يبدأ التدخين، قد يبدأ بتناول المشروبات الكحولية، قد يكثر من القهوة والشاي، وكثيراً ما يكون الأهل في وضع المراقب، الذي لا يفعل شيئاً سوى الحسرة والأسى، والتشاور مع الأقارب دون الوصول إلى أهل الخبرة، خصوصاً وأن هذا المريض لا يتمتع بالبصيرة المرضية، وهذا يجعله غير مدرك أنه مريض، وهو لن يقبل العلاج من تلقاء نفسه على الأغلب، ولا بد من الأهل من أن يقوموا بترتيب الأمر مع الطبيب النفسيـ حتى يقوم بتقييمه ويقرر حالته وتشخيصه، وإذا كان هناك ضرورة لإجراء بعض الفحوصات أو لإدخاله المستشفى أو معالجته في البيت، وهل من الممكن أن يستمر في دراسته أو عمله أو يأخذ إجازة؟ أو يستقيل، وهل من الممكن أن تتزوج الفتاة في هذا الوضع أم لا؟ وغيرها من الأسئلة الكثيرة التي تحدد مصير الفرد المصاب بالاضطراب الفصامي.

وقد تطور علاج الفصام عبر القرن الماضي، بحيث وصل إلى درجة عالية من التقدم، وحالياً تصل نسبة شفاء المرضى إلى درجات متقدمة، مع استمرار استعمال العلاج، وقد يكون أحدهم في مهنته ناجحاً كمهندس أو طبيب أو محامي وخلافه، ولا يتأثر أداؤه بهذا المرض طالما أنه على علاج، وهناك فئة لا تتجاوب مع العلاجات وقد تكون هناك صعوبات اجتماعية وعائلية تمنع الانضباط في المعالجة والمراجعة بالشكل الصحيح، مما يعيق الحالة ويجعل التحسن ضئيلاً، وهناك الأكثرية من المرضى الذين يتحسنون وبمجرد تحسنهم يوقفون العلاج، وما هي إلا بضعة شهور وينتكس المريض، وقد تكون أشد وأسوأ وتحمل معها مخاطر، في هذا الاضطراب هناك مسؤولية كبيره تقع على عاتق الأهل بمتابعة المريض وعلاجه، ولكن هذا لا يحدث مع الأسف، وكثيراً ما يكون المريض يشكل خطورة على نفسه وعلى الآخرين، ويرفض ولي الأمر اتخاذ أي إجراء مثل إدخاله المستشفى وبعد أن تقع الجريمة، لا يوجد ما يجعل ولي الأمر يتحمل المسؤولية ولا يوجد تشريع يسمح للطبيب باتخاذ إجراء دون طلب ذوي المريض.

قد يرتكب المصاب بالفصام جريمة لها علاقة بأعراضه مباشرة كالقتل دفاعاً عن النفس من العدو الموهوم، أو أن يؤذي أحداً وهو في حالة تهيج، ولكن من الممكن أن يقترف جرائم لا يمكن ربطها في المرض تكراره للسرقة والتي كان يقوم بها حتى قبل إصابته بالمرض، كما يمكن أن يصاب المتهم بالفصام بعد وقوع الجريمة فتتأثر حالة المتهم العقلية لدرجة تمنع مثوله أمام المحكمة في حين لا تعفيه من المسؤولية، من المؤسف أن كثيراً من

الحالات تحال للرأي الطبي بعد شهور طويلة من الجريمة ويكون السؤال الموجـه هو عن الحالة النفسية وقت ارتكاب الجريمـة. ولـذلك فـإن تقيـيم كافـة المقبـوض عليهم بجرائم كبرى أو جنايات نفسياً بحيث لا تتغير الحالة النفسـية كثيراً ويصبـح من الصعب معرفة الحالة النفسية المرتبطة بارتباك الجريمة.

13- اضطرابات الوهم
(Delusional Disorders)

تاريخياً عرف الذهان ألزوري والبرانويا وحديثاً أصبح واحداً من اضطرابات الوهم - النوع ألزوري، وهو القول بأن البارانويا عبارة عن حالة نفسية ذهانية يميزها العديد من الأوهام والمعتقدات الخاطئة، والتي تدور حول العظمة والاضطهاد مع الاحتفاظ بالتفكير بالمنطق أحياناً، حيث يدور التفكير حول مجموعة من الأوهام الاضطهادية وأوهام العظمة والإشارة للذات ، لكن الشخصية تكون متماسكة نسبياً رغم وجود المرض وعلى اتصال لا بأس به مع الواقع، إلا فيما يتعلق بموضوع الوهم.

الذهان ألزوري يختلف عن الفصام ألزوري في أن الفصام يظهر لديه اختلال كبير في كل جانب من جوانب شخصيته، انفعالاته، عملياته العقلية، كلامه وإدراكه. لكن المريض بالذهان ألزوري من الناحية الأخرى، يكون قادراً على أداء وظائفه بدرجة ملائمة، كما تكون له استجابات انفعالية تلائم معتقداته، ولا تكون لديه هلاوس عادة، وإنما تشغل ذهنه التحليلات والأوهام التي تصبح قصه مترابطة يضاف إليها تفاصيل في كل يوم، وقد يقوم المريض بهذا الاضطراب بمحاولات الدفاع عن النفس آو إيذاء الآخرين ولا زال استعمال اسم الذهان ألزوري أكثر شيوعاً من استعمال اضطراب الوهم ألزوري، أما البارانويا فهي كلمه شائعة بين الناس وليس بين الأطباء النفسيين، ويمكن فهم الذهان ألزوري بأنه يجمع بين وهم الاضطهاد ووهم العظمة.

من أنواع اضطراب الوهم الشائعة:-

(1) وهم العظمة

:(Grandiose Delusional Disorder)

يعتقد المريض أنه شخص عظيم، أو أنه نبي من الأنبياء، أو يعتقد بأنه أذكى من أي مخلوق في العالم، مرسل لهداية الناس أو أنه مخترع، وعادة ما يتبع وهم العظمة شعور بالنقص. ويلاحظ على حديثه التعالي والمفاخرة، ويلاحظ على المريض أيضاً تقلب المزاج والاستياء والغضب والعدوان.

(2) وهم الاضطهاد

:(Persecutory Delusional Disorder)

يعتقد المريض بأن مؤامرة ما تحاك ضده، وبأن الناس حاقدة عليه وتكيد له وتعامله معاملة سيئة، يبدأ المريض في إرسال الشكاوي لرجال الأمن لحمايته، وأحياناً يقع المريض في شك من زوجته أو أحد أقربائه الذي سيضع له السم في الطعام، وقد يصل الحال بالمريض إلى الاكتئاب والانتحار، والقتل دفاعاً عن النفس من الخطر الوهمي، او تقييم الشكاوى آو رفع القضايا.

(3) وهم الإشارة

:(Delusions of reference disorder)

المريض هنا يفسر كل حركة أو كل إشارة، حتى ما يحصل في الإذاعة والتلفزيون، بأن هذه الإشارات التي تحصل من التلفزيون بأنها تشير إلى تصرفاته، وهذا ما يجعل المريض إما في حالة انعزال تام عن المجتمع أو إلى احتكاك غير سوي فيه، وقد تكثر شكاويه في العمل أو المجتمع المحيط به، وأحيانا ضد مؤسسات إعلامية

كبيرة وأشخاص لهم مراكز هامة في المجتمع، وقد يتولد لديه سلوك عدواني.

(4) وهم الحب (Delusion Of Love Disorder):

يعتقد هذا الشخص أنه على علاقة مع شخصية متميزة، كممثل مشهور، أو سياسي وغيره، وقد يبدأ بمضايقة هؤلاء بالاتصال الهاتفي المستمر والمزعج وربما يقدم على المواجهة ومقابلة هؤلاء والاعتراف بحبهم، وربما إقناعهم به، وإذا لم يشعر بالتجاوب قد يثور ويغضب ويؤذي، وهذا اضطراب نادر.

اضطراب الوهم قد يبدأ بشكل مفاجئ أو تدريجي، خاصة في الشخص الحساس جداً، الشكاك في طبعه، العنيد، المتعالي، والذي لا يثق بالناس.

إضطرابات الوهم تصيب الجنسين وأسبابها غير واضحة ومعقدة وأما العلاج فهو متوفر ولكن صعوبة علاج هذه الحالة هو إيصال المريض للعلاج، فعادةً يرفض المريض الحضور للطبيب لأنه يرفض مناقشة أوهامه. هؤلاء المرضى عادةً ما يحصل معهم صداع وعصبية وقلة نوم، وقد تكون هذه الأعراض هي مدخل إحضار المريض للعيادة، ولكن إذا تدهور الوضع لابد من العلاج حتى لو كان قسرياً وداخل المستشفى لأن المريض قد يسبب الأذى لنفسه ولأسرته وللآخرين وقد يصل الأذى للعنف ومحاولة القتل أو القتل.

أما علاج اضطرابات الوهم فهي طويلة ويمكن للمريض أن يصل إلى درجة البصيرة ومعرفة أن ما يعاني منه وهم لا يجوز أن يتبعه.

14-اضطرابات ذهانية ناتجة عن المخدرات
(Drug Induced psychosis)

العديد من المخدرات والمؤثرات العقلية تؤدي عند تعاطيها آو التسمم بها إلى حالات ذهانية، ولا بد من الانتباه لهذه الحالات عند إلقاء القبض على المدمنين وتوقيفهم و محاكمتهم.

ذهان الامفيتامين:

من أكثر هذه الاضطرابات شيوعاً وفيها أوهام الإشارة للذات وأوهام الاضطهاد، وأحياناً بعض الهلاوس السمعية وتحدث مع استمرار الأمفيتامين (الكبتاجون) وحتى بعد التوقف عنه قد لا تزول الأعراض إلا إذا تمت معالجته، ويتشابه مع هذا الذهان ما ينتج عن تعاطي الكوكايين.

ذهان المهلوسات:

بعض العقاقير المهلوسة وبجرعات صغيرة تؤدي لهلاوس واضطرابات في التفكير والسلوك قد تكون شديدة وتعرض المتعاطي للخطر.

ذهان التسمم بالمخدرات:

أن تعاطي كميات كبيرة من الحشيش آو الامفيتامين قد تؤدي إلى حالة شبيهة بالزهو آو الهوس، وغالبا ما تكون هذه الحالات قصيرة تنتهي بعد زوال اثر التسمم خلال ساعات.

ذهان الأعراض الإنسحابية:

العديد من مدمني المخدرات والمؤثرات العقلية المختلفة يصابوا بمتلازمة الأعراض الإنسحابية عند التوقف عن التعاطي، وقد تشمل

هذه الأعراض على الهلاوس والأوهام لبضعة أيام كما هو الحال أيضا في تعاطي الكحول والانسحاب منه.

كل هذه الأشكال من الذهان تظهر في المحاكم والسجون ولا بد أن يتهيأ لها ما يكفي من تسهيلات للتشخيص والعلاج حتى لو لم يكن هذا لتحديد المسؤولية الجنائية.

15- الزهو (الهوس) (Mania)

الزهو هو فرح وابتهاج قد يصل إلى النزق وهو زائد يفوق ما هو عليه الفرح الطبيعي، وهذا يترافق مع زيادة كبيرة في النشاط والكلام والحركة والشعور بأن الفرد في أحسن وضع نفسي وجسدي مـر عليه، وتتسـارع الأفكار، ويمتلئ التفكير بالخطط المدهشة والأفكار المتلاحقة، وتتدفق الأفكار ويتسارع الكلام والثرثرة، وتقل ساعات النوم دون الشعور بالتعب ودون الشعور بالحاجـة للراحـة، وتـرى مـريض الزهو، كأنه قطار سريع لا يكترث لأي عوارض، ورغم هذا الانشغال الشديد، إلا أنه نادراً ما ينجز عملاً من أعماله، فثقته بنفسه الواسعة تجعله يقوم بأكثر من عمل في آن واحد، يصبح مريض الزهو عدائياً إذا شعر أن هناك تدخل في مشاريعه والتي لا تنفذ على الأرجح، وإن بدأ في تنفيذها فهي تبذير للمال، وهذا التبذير يكون شـاملاً للمشاريع وغير المشاريع، فقد يتبرع بأموال كبيرة لجهات متعددة، وقد يكتب شيكات بمبالغ تفوق إمكاناته ورصيده بشكل واضح.

كما أنه قد يتصرف دون اكتراث للقيود الاجتماعية ومركزه الإجتماعي بين الناس، فقد يأتي إلى العمل بملابس الرياضة، وخـلال تواجـده في المكان قـد يعـاكس الفتيات ويقول نكات سخيفة خلافاً لطبعه، ويصعب إقناع مثل هذا الشخص بالوصول للطبيب لهدف المعالجة، إذ أن اعتقاده أنه في أحسن حال، وكل النـاس بحاجة لعلاج إلا هو ويعتبر هذا الاضطراب حالة طارئة، تتطلب الإدخال ألقسري للمستشفى في معظم الأحيان.

من الممكن أن تصبح المرأة حامل نتيجة مغامرات غير مدروسة وليست في طبعها، كما أن دخول الرجل في مغامرات جنسية تؤدي إلى الفضائح أو السجن، وتهم الاغتصاب أو محاولة الاغتصاب كلها واردة، ويكون مزاج المريض بالزهو بمرحه ونكاته معدياً، فبأي مكان جلس لا بد أن يثير الضحك بتطاير الأفكار التي يقولها، ولن يبخل مريض الزهو بإدعاء العظمة والجمال والمال والجاه، وإدعاء المناصب الكبرى مثل أن يدخل للوزارات والدوائر مدعياً أنه مدير أو وزير أو وكيل وزارة أو أنه لواء في العسكرية وخلاف ذلك.

وعند سؤال المريض من قبل الطبيب أي سؤال عن اسمه مثلاً فسيكون جوابه بلا توقف، وينتقل من فكرة إلى أخرى حتى أنك لو عرضت عليه هدية قيمة ليصمت بضع دقائق، لقال لك أني أدفع عشر أضعافها حتى أستمر بالكلام، وهذا الإبتهاج وهذا الشعور مع فقدان البصيرة المرضية وبجعل المعالجة في بعض الأحيان إجبارية مع موافقة الأهل.

هناك بعض حالات تختلط فيها أعراض الاكتئاب مع أعراض الزهو وتسمى حالات مزاجية مختلطة، ومن النادر أن يُقدِم مريض الزهو على الانتحار، إلا أن وجود بعض الأعراض المختلطة قد يساعد في حدوث ذلك، ومن المعروف أن رُبع حالات الهوس يسبقها اكتئاب خفيف بأيام أو أسابيع ورُبْعها يعقبها الاكتئاب، وقد يزداد هذا الميل بعد أن يصحو المريض لنفسه وبعد ما حدث من دمار وتخريب.

أن قرارات مريض الزهو غير المدروسة والنشاط الفوضوي، هما اللتان تؤديان إلى المشاكل القانونية، وتتفاوت درجة الهوس بين

الدرجة البسيطة والشديدة وكلما ازدادت الشدة وازداد الاندفاع وضعفت السيطرة يكون المريض معرضاً أكثر لارتكاب مخالفات قانونية، مثل القدح في المقامات العليا، كتابة شيكات بمبالغ كبيرة وتبذير الأموال، وقد يتناول المؤثرات العقلية والكحول مما يضعف من سيطرته على نفسه، وقد يصل إلى الاعتداءات الجنسية، وقد يكتب رسائل أو يجري مكالمات فيها تهديد للمسؤولين، وقد يحاول قتل من يعترض طريقه ومن يحاول إيقاف هذا التهيج وأكثر الحالات التي تصل للمحاكمة من قذف المقامات العليا تثير الحيرة لأن الزهو يستمر أسابيع وينتهي، وعندما يمثل المتهم أمام المحكمة يكون في كامل قواه العقلية، وتستغرب المحكمة القول أنه قذف المقامات العليا في حالة زهو وقد انتهت.

16 -الاكتئاب (Depression)

من الاضطرابات النفسية الشائعة والتي تصيب نسبة كبيرة من المجتمع، تصل إلى 10% وتتميز بما يلي:

(1) هبوط المعنويات والمزاج والشعور بالحزن واليأس.

(2) فقدان الثقة بالنفس والتردد في اتخاذ القرارات وكثرة التململ.

(3) اضطراب النوم والطعام والتركيز.

(4) اضطراب التفكير والتشاؤم واجترار الأفكار السلبية وتعميمها إلى درجة تضع المريض في خط مسدود.

(5) قد تظهر أعراض الاكتئاب على شكل أعراض جسدية، مثل ألم الصدر أو الصداع وألم البطن، وغيرها من الآلام، خصوصاً عندما يجتمع الاكتئاب مع القلق النفسي.

(6) فقدان الرغبة الجنسية والأداء الجنسي.

(7) التفكير بالموت وتمنيه، والدعاء إلى الله عز وجل بأخذ الأجل، ثم التفكير فعلياً بمحاولة الانتحار والأساليب الممكن إتباعها، وقد تتم المحاولة وقد تنجح أو لا، ومن المعروف أن 70% من المنتحرين هم من مرضى الاكتئاب.

(8) قد يصاحب الاكتئاب أعراض ذهانية مثل الهلاوس كأن يرى جنازته وقبره، أو الهلاوس السمعية التي تؤنبه وتوبخه وتدعوه للانتحار، ومثل هذه الحالات تعتبر من الحالات الشديدة التي تتطلب السرعة في المعالجة، وأحياناً الإدخال ألقسري.

(9) شعور مريض الاكتئاب بالعزلة التامة، وأن لا أحد في هذا العالم يكترث له، ولا يهتم بحالته ولا يفهمه، وكأنه قد وضع في قاصة حديدية مغلقة تائهة في قعر المحيطات.

ومن المميز لمرضى الاكتئاب أنهم لا يسعون للعلاج بنفس الدرجة التي يسعى فيها مرضى القلق، لأنه في الاكتئاب عادةً هناك فقدان للأمل، وهذا يحطم خطوات المكتئب نحو البحث عن الشفاء والأمل به والتمسك به، وكثيراً ما يحتاج مثل هؤلاء المرضى لدعم ممن حولهم، للحصول على العلاج والخلاص من هذا المرض.

من المعروف أن المكتئبين قد يقومون بقتل من يحبون قبل إقدامهم على الانتحار، وفي بعض الحالات سجلت سرقات من قبل مكتئبين خصوصاً في الدول الغربية التي تكثر فيها المحلات الكبيرة، حيث يقوم هؤلاء بسرقة أشياء سخيفة، وغالباً ما يكونون من النساء في منتصف العمر يعانين من الاكتئاب.

من الاكتئاب ما يأتي على موجة واحدة تنتهي، ومنها ما يكون متكرر أو مزمن أو مستعصي، وهناك تدابير علاجية لكل هذه الحالات، وقد يكون المكتئب أحد مصادر الإزعاج للسلطات القضائية والأمنية خصوصاً الذي لديه توهم بالذنب ويقدم على الاعترافات الكاذبة، فكلما سمع عن مقتل شخص أو جريمة ما حضر ـ هؤلاء إلى المراكز الأمنية أو للمدعين العامين للإدلاء باعترافات يكون من الواضح أنها غير متطابقة إطلاقاً مع الجريمة التي وقعت، ولكن أحياناً تكون الاعترافات مربكة ومحيرة لسير التحقيق.

قد يقوم بعض مرضى الاكتئاب بتعريض أنفسهم للخطر بالقفز أمام سيارة، أو محاولة إضرام حريق في مستودع وغيرها من السلوكيات المتهورة والانتحارية ولكن بأسلوب غير مباشر، قد يوقع الآخرين بالضرر ويؤدي إلى إشكالات قانونية، وإذا كان الاكتئاب في سن مبكر وفي الأطفال والمراهقين، فقد يكون من علاماته الهروب من البيت، وهذه تشكل ظاهرة عالمية مزعجة، وتعتبر منظمة الصحة العالمية الاكتئاب من الاضطرابات الشائعة وتسبب الكثير من الإعاقة ولكن من الإضرابات القابلة للعلاج والشفاء.

17 -الغيرة المرضية
(Pathological Jealousy)

الغيرة كعاطفة تشمل كلاً من عناصر الامتلاك والسيطرة والولاء، ولا نستطيع أبداً استنكارها في وضعها الطبيعي إذ أنها تحمل معها أرضيات ثقافية صنعها مجتمعنا من المواريث العربية والإسلامية، وهي مواريث محببة وحافظة للعرض وصائنةٌ لتماسك الأسرة.

هذا في الوضع الطبيعي والمقبول كأن يغار الزوج على زوجته إذا رأى فيها تصرفاً بعيداً عن اللياقة وكاسراً لولائهما المشترك فيما بينهما. ولكن ما نتحدث عنه الآن هو حالة تعدت المقبول إلى المرض والاضطراب.

فالزوج صاحب الغيرة المرضية يشك في زوجته أنها تخونه، دون وجود أسباب أو وقائع ثابتة وموضوعية تؤكد هذه الفعلة، هو إذن يلجأ إلى دلائل وخيوط عنكبوتيه تؤكد الفكرة الملحة في دماغه. كأن يأتي أحدهم ويدعي أن رؤيته لزوجته سهرانة في الساعة الثانية ليلاً في بيت الزوجية، هو دليل خيانة على اعتبار أن الزوجة تنتظر عشيقها "الوهمي" أو بصدد إجراء مكالمة هاتفية معه. ويبدأ المسلسل بالتوالي حيث يقوم الزوج بالرجوع إلى البيت باكراً من عمله لإثبات الفعلة، أو يجري العديد من الاتصالات الهاتفية مع البيت للتأكد أو ربما يقوم بوضع جهاز تسجيل على الهاتف، ويبدأ بالتفتيش في الأسِّرة والملابس الداخلية للزوجة لعل وعسى أن يأتي دليل الإثبات القاطع على الخيانة، هو يتابعها حتى في أصغر

الحركات وربما يلجأ إلى ترصد قدومها ورواحها من البيت إلى أي مكان آخر اعتادت الزوجة الذهاب إليها كمنزل أهلها.

وعندما تتمركز الفكرة في دماغه يبدأ بالتحقيق مع الزوجة، وربما ضربها وإيذائها وشتمها بهدف الإقرار بالخيانة، وتجد بعض النساء "بعد طول عناء ومشقة" أن الاعتراف الكاذب بالخيانة ربما يؤدي إلى تقليل الضغط عليها وإرضاء زوجها وتخفيف حدة غضبه، ولكن هذا الاعتراف يضاف من جانب الزوج إلى قائمة الأدلة الوهمية ويبدل الشك باليقين فيكيلها ضرباً وإهانة، وربما يقدم على قتل الزوجة وقتل نفسه بعد ذلك، استجابة لوهمه القائل بالحفاظ على الشرف وإنقاذ نفسه وعائلته من العار، ويرفض الرجل أو المرأة المصابين بالغيرة المرضية الطلاق، ويصر على أنه يحب زوجته ولن يتركها للعشيق المزعوم وقد يقدم على قتل أو إيذاء أو تهديد هذا العشيق.

الإحصائيات الغربية تفيد أن 50% من النساء اللواتي تعرضن لجريمة القتل، يكون القتل على يد الزوج وتشكل الغيرة المرضية السبب الأكثر شيوعاً في هذه الفعلة البشعة.

الغيرة المرضية قد تأتي منفردةُ و ليست مترافقة بأي اضطراب آخر مما يزيد المشكلة صعوبة، إذ أن هذا الإنسان يكون ناجحاً في عمله، متعاملاً مع الآخرين بطريقة مقبولة اجتماعيا، ولكن كل بلائه ومرضه ينصب على زوجته المسكينة، فكيف يمكن إقناع المجتمع بضرورة علاجه وهو لا يبدي عرضاً مرضياً إلا داخل الغرف المغلقة مع زوجته المعانية، التي يحبها الحب الكبير الواضح،

وعندما تشكو الزوجة يقال لها، بأنها محظوظة لأن زوجها يحبها، ولكن من الحب ما قتل.

كما قد تترافق الغيرة المرضية كعرض في الكثير من الأمراض: كالاضطرابات الوجدانية، الفصام، الإضرابات العضوية (كالإصابة الدماغية والخرف)، إضافةً إلى ترافقها مع حالات الإدمان والاعتماد على الكحول.

ويكمن الحرص في التأكيد على وجود هذا المرض لما له من تبعات قاسية على العائلة والمجتمع فإن هذا الشخص المريض يكون كقنبلة قابلة للانفجار في أي لحظة، وقد يؤدي إلى حرمان أطفاله وأسرته من أمهم ومنه في حالة إقدامه على القتل وهي الحالات المُشاهدة بكثرة في مجال الطبي النفسي ـ وفي المجال القضائي كذلك. ولا بد من التأكيد على أهمية المعالجة لهذه الحالات وهي تتمثل بالعلاج الدوائي وكذلك النفسي ـ ومعالجة الأمراض الأساسية المسببة للغيرة المرضية إن وجدت.

في حالة استعصاء المعالجة، فإن الفصل والابتعاد عن الزوج ربما يكون أخف ضرراً على العائلة وأطراف معادلة الغيرة من ترك الموضوع دون علاج والانتهاء كما انتهى عطيل بقتل ديمونة في رواية شكسبير الخالدة.

وهناك نوع خفيف من الغيرة المرضية الغير ذهانية والتي يكون فيها الزوج أو الزوجة على يقين من إخلاص الطرف الأخر، ومع ذلك تعاوده الأفكار بصوره قهرية، ويبدأ بالسؤال والمراقبة والتحقيق دون الوصول للوهم والقناعة الأكيدة بالخيانة، وهذا النوع من الغيرة قد يتسبب بخلافات زوجية معقدة قد تستمر للطلاق.

65

18-اضطرابات النـوم (Sleep Disorders)

ينام الإنسان ثلث حياته تقريباً، وللنوم وظائف عديدة وهامة تنـدرج تحـت إطارين، إعادة البناء الجسدي وإعادة البناء العقلي، ويواجه الناس مشاكل كثـيرة في النوم من أهمها:

(1) **الأرق (Insomnia):** وهو الصعوبة في بداية النوم أو الصحو المبكر جداً، أو تقطع النوم، ومن الممكن أن يكـون الأرق فيـه الثلاثـة معـاً، نـادراً مـا يكون الأرق منفرداً وغالبـاً مـا يكـون عـرض لأحـد الاضـطرابات النفسـية الأخرى.

(2) **الزيادة في النوم أو النوم الإنتيـابي (Narcolepsy):** وهـو حصـول النـوم بشكل مفاجئ وفي أي مكان مناسب أو غير مناسب، مما يؤدي أحيانـاً إلى حوادث سير، أو تَعرُض المصاب للخطر، إذا كان يعمل أو يتواجد في مكان له خطورة مثل برك السباحة أو المعدات والآلات الصناعية الثقيلة.

(3) **الكـوابيس (Nightmares):** مـن ضـمن الأحـلام التـي يحلمهـا الإنسـان خصوصاً في الثلث الأخير من الليـل، فـإن بعـض هـذه الأحـلام قـد تتخـذ طابعاً مرعباً ومخيفاً، مما يجعل النـائم يصحو، وقـد لا يسـتطيع العـودة للنوم، أو أنه يبقى تحت هاجس هذا الحلم طـوال النهـار أو عـدة أيـام، وإذا تكررت الكوابيس فهي غالباً مؤشر لوجود إضطراب نفسي أو إسـاءة استعمال المؤثرات العقلية والعقاقير الخطرة.

(4) **رعب الليـل (Night Terror):** وهـذا يصـيب الأطفـال الـذين يصـحون مفزوعين، لا يتجاوبون مع أسئلة وكلام

الأهل، ويصرخون وكأنهم يـرون وحوشـاً أو أشـياء مخيفـة أمـامهم، ثـم يعودون للنوم ثانية ولا يذكرون شيء، ويبقى الأهل في حالة الذعر، إلا أن هذه تعتبر حالة عادية للأطفـال، إلا أن حـدوثها في الكبـار قـد يـستدعي الانتباه لوجود مرض في الدماغ أو مرض نفسي.

(5) الكـلام والمشي- أثنـاء النـوم (Somnambulism): يقـوم بعـض النـاس بالتحدث ببعض الكلمات مبعثرة غير مفهومـة، أو بجمـل واضحة أثنـاء نومهم، قد تكون لها معنى أو لا تكون، وقد تؤدي لمشـاكل عنـدما يحلل الزوج أو الزوجة ما قاله الطرف الآخر، ويتوصل منه إلى خيانة زوجيـة أو خلافه، ولكن هذا نادر جداً، أما المشي- أثنـاء النـوم فهـو عـلى الأغلـب في وقت مبكر من الليل، عندما يقوم النائم من فراشه ويدخل المطبخ وكأنه يبحث عن شيء يعود وينظر إلى عائلته، يشاهد التلفزيون، ثـم يرجع إلى سريره وينتهي الأمر عند ذلك، وبعـض الأحيـان هنـاك مـن يحـاول فتح الباب والخروج للمشي في الشارع، وتستخدم هذه الحالة أحياناً مـن قبـل محامي الدفاع في بعض قضايا القتل أو الاغتصاب، بإدعاء أن المريض قـد كان نائماً، والصورة التي توصف هـي صـورة سـينمائية وليسـت واقعيـة، ولإثبات النوم أثناء القيام بالجريمة، لا بد من إثبات وجود هذه الظاهرة عنـد المريض بوضـع أسـلاك للتخطيط الـدماغي الكهربـائي عـلى رأسـه، ومراقبته عبر الشاشات الخاصة، وتغير درجـة نومـه، إذ أن التخطيط الدماغي قادر على التفريق بين النوم والصحو،

ولابد من التأكيد أنه لو حدث إيذاء للآخرين فلا يكون مرتبط بمشاكل سابقة، وفي حالة الاغتصاب والقتل والسرقة لابد أن يكون سلوكاً عشوائياً لا يتوفر فيها القصد والنية.

(6) **يعتبر البعض أن التبول اللا إرادي الليلي (Nocturnal Enuresis)** : هو من اضطرابات النوم، وغالباً ما يحدث للأطفال لغاية سن عشر سنوات، يكون هناك 5% من الأطفال ما زالوا يبولون بفراشهم وتقل هذه النسبة تدريجياً، وقد تبقى إلى سن ما بعد العشرين، وإخفائها عن الطرف الآخر يسبب مشاكل في الزواج، فيصحو العريس ليجد نفسه في بركة بول، وتبدأ القضايا والمحاكم لإبطال الزواج وطلب الطلاق وما يتبع ذلك من حقوق.

19-الصرع (Epilepsy)

هناك توجهاً عالمياً لتجنب استخدام مصطلح الصرع واستبداله بالأمراض التشنجية (Convulsive Disorder) والصرع تعريفاً هو خلل في زيادة الموجات الكهربائية الدماغية وما يترافق معها من اضطراب في الوعي والسلوك والعواطف والأحاسيس، وشعبياً يستعمل الناس والأطباء تعبير زيادة في الشحنات الكهربائية بدل كلمة الصرع.

يمكن تقسيم الصرع كما يلي: -

1. التشنجات الجزئية (Partial Seizure):

وهي إما تكون بسيطة (Simple) وتشمل اضطرابا في أحد الوظائف: كالوظيفة الحركية، الحسية، التلقائية أو النفسية ولا يتم فيها فقدان الوعي. وعلى طرف آخر تكون التشنجات الجزئية المركبة (Complex) والتي يضطرب فيها الوعي وتبدأ بحالة ممهدة للصرع تدعى الاوره (aura) وتتطور تدريجياً حتى تؤدي إلى فقدان الوعي. هذه الحالة الأخيرة تعتبر مهمة جداً إذ أنها قد تترافق مع ظاهرة التلقائية وهي حالة إضطراب في الوعي مع قدرة الشخص على الوقوف والقيام بحركات مختلفة في يديه وأطرافه دون وعي منه بذلك، هذه الحالة إذا تأكدت لدى المريض فإنها تحمل تطبيقات قانونية وشرعية فيما يتعلق بالمسؤولية القانونية، ولكن لا يمكن تأكيدها دون توثيق الاضطراب في الموجات الكهربائية في التخطيط الدماغي وقت الفعل، وهو غير متاح غالباً. قد تتحول حالة التشنج الجزئي إلى حالة تشنج عام يشمل كل الجسم، وكثيراً ما تثار حالات الصرع الجزئي المركب والتلقائية كمانع

71

للمسؤولية الجنائية، ولكن سلوك المريض في هذه الحالات لا يكون فيه تخطيط ومقصد ونية مبيته للقيام بالفعل الإجرامي.

2. التشنجات العامة (Generalized Seizure):

وهي التي تشمل أنحاء الجسم عامة ويفقد فيها الشخص وعيه وأشهرها تلك المدعوة بالتشنجات الانقباضية الانبساطية (Tonic - Clonic Convulsion)، ذلك أنها مرئية بين المشاهدين كونها تترافق مع تشنجات اليدين والقدمين مع زيادة البلغم في الفم والعض على اللسان، وتنتهي بعد ذلك بتعب عام، وتشويش في الوعي وهو الوصف التقليدي للصرع، أو ما يسمى الصرع الكبير، هنالك حالات من الصرع لا يقع فيها الشخص ويحافظ على هيئة جلوسه أو وقوفه ولكنه في الحقيقة يكون غائب الوعي ولا يستفز أو يستثار عند مناداته من الآخرين وتسمى الصرع الصغير أو الصفنه أو السرحان (Absence Seizure). تأكيد التشخيص للصرع يكون بإجراء تخطيط الدماغ حيث أن وجود خلل في التخطيط يؤكد التشخيص ولكن غيابه لا ينقضه، فالاعتماد هو أساساً على الوصف ألسريري للحالة، أسباب الصرع غير معروفة في حوالي 75% من الحالات، بينما تكون الضربات الدماغية والحوادث الشريانية الدماغية مسؤولية عن 20% من الحالات.

الصرع يترافق مع زيادة في المشاكل اللغوية والمدرسية لدى المصابين به، كما تزداد نسبة الاكتئاب والانتحار لدى مرضى الصرع، خصوصاً عندما تكون الزيادة في الموجات الدماغية متمركزة في الفص الجانبي الأيسر من الدماغ، هنالك أيضاً انتشار للذهان الصرعي (Epileptic Psychosis) بعد مرور عدة سنوات من

الإصابة بالصرع، ورغم ارتفاع نسبة الصرع لدى المساجين، إلا أن ذلك لا يؤكد وجود علاقة وثيقة بين الصرع والجريمة، الوصف التقليدي لشخصية مرضى الصرع بأنهم بليدون، ثقيلي الظل، ويفقدون حسن الدعابة وقد تم التوصل حديثاً إلى رفض هذا الوصف لعدم دقته.

تعتبر التشنجات الدماغية (الصرع) من الأمراض التي يمكن السيطرة عليها باستخدام العقاقير المختلفة والتي تطورت خلال العقدين السابقين بحيث أصبحت أكثر فعالية وأقل في الأعراض الجانبية، يجب أن نؤكد أن الاستمرار على العقاقير مهم جداً في السيطرة على المرض، ومن الواجب عدم قطع العلاج إلا بعد مرور سنتين إلى ثلاث سنين خالية من التشنجات، ومن الضروري الانتباه للاضطرابات النفسية التي من الشائع أن تظهر لدى أولئك المرضى ومعالجتها، ومراجعة الطبيب النفسي عند ذلك من أجل التدخل السليم.

المشكلة الشائعة قانونياً هو أن يقوم المصاب بالصرع بقيادة السيارة وتحدث النوبة أثناء القيادة فيؤدي هذا لحوادث مريعة، ولهذا عمدت الكثير من الدول المتقدمة لإيجاد تشريعات تلزم المريض والطبيب إبلاغ السلطات المختصة لإيقاف رخصة القيادة وإعادتها وبعد الشفاء.

كما أنه لابد من الإشارة لبعض الحالات النادرة التي تصيب المرضى بعد نوبة الصرع الكبير العام، وهذه الحالة من الهذيان واضطراب السلوك وقد يكون هناك عنف لبضعة دقائق وقد تستمر ساعات، وقد تحدث فيها حوادث أو يقع أذى على الآخرين، ولكنه

لا يكون فيه تخطيط ولا قصد ولا نيـة، بـل يكـون عشـوائياً كـما هـي نوبـة الصرع عشوائية وحالة الهذيان النادرة عشوائية في المكان والزمـان والسـلوك، ولابـد من تأكيد هذه الحقيقة في الحالات التـي يثـار فيهـا الصرـع كمخفـف للمسـؤولية الجنائية.

20 -إصابات وأورام الدماغ

إن الإصابات العضوية المختلفة للدماغ سواء كانت ناتجة عن ورم أو التهاب أو إصابة بحادث أو نتيجة ضربة، لها تأثيراتها العصبية والنفسية تبعاً لمنطقة الإصابة، ومما لا شك فيه أن الإصابة بالفص الأمامي من الإصابات التي قد تؤدي إلى تغير كامل بالشخصية من رجل متزن وقور، إلى رجل مستهتر لا مبالي، يقترف أعمال مخلة بالآداب والنظام، وقد يصل به الأمر إلى حالات من الإشكاليات القانونية والشيكات والبيع والشراء، أو اقتراف جرائم في مختلف درجاتها، ولا بد من الاهتمام بهذه الفئة، وتشخيصها وتقييم القدرات العقلية التي تأثرت، أما الفص الصدغي فإنه يؤثر بشكل كبير على كافة الوظائف النفسية والعقلية والذاكرة، ويؤدي إلى تصرفات أشبه ما تكون بالخرف والذهان معاً، وليس غريباً أن ينتج ذلك عن جلطة دماغية.

كما أن هناك إصابات في المنطقة الحركية تؤدي للشلل أو في الفص الخلفي، قد يؤدي إلى اضطرابات الإحساس وعدم فهم الكلمات وتلقيها بالشكل الصحيح، هذه الأسباب هي التي تجعل الأطباء النفسيين يقومون بعمل التصوير الطبقي المحوري والرنين المغناطيسي وتخطيط الدماغ لاستثناء وجودها أو إثباتها.

وقد تطرح مثل هذه الإصابات في قاعات المحاكم كمانع للمسؤولية الجنائية، ويأتي السؤال المعتاد هل هذا جنون أم لا، ويكون التقرير الطبي مختلفاً عن ذلك ضمن ما يفيد بإصابة بالفص الأمامي أدت إلى اندفاع وتغير في السلوك وجعلت المريض متهوراً في قراراته أو عنيفاً أو لا يتأثر بالقيود الاجتماعية, ويعاد السؤال ويطرح

إذن هل هو مجنوناً أم لا، وهل كـل مـن يصـاب بالجلطـة الدماغيـة يصـبح مجنون، والواقع أن معظم الناس الذين يصابوا بجلطـات الـدماغ أو الأورام، يكونـوا قادرين على استمرار حياتهم بصورة قريبة من الطبيعي.

21 - الخرف Dementia

الخرف يعرف بأنه تدهور عام في كل الوظائف العقلية، وهـي تشـمل الـذكاء، الذاكرة، الإمكانيات العقلية المختلفة والشخصية.

هناك أسباب عديدة وراء الخرف وأهم أنواعه، ذلك المسمى (الزهايمر)، يليـه آخر يدعى الخرف الشرياني. ومن الممكن جـداً أن يكـون الخـرف عرضـاً رئيسـياً في العديد مـن الأمـراض العضـوية الأخـرى كالإيـدز والحمـى الذئبيـة، إصـابات الفـص الأمامي للدماغ، ضربات الـرأس، التهابـات النسـيج الـدماغي، قصر الغـدة الدرقيـة، الأورام الدماغية البدائية والثانوية، وقائمة طويلة أخرى يقصر المجال عن ذكرها.

من الممكن أن يبدأ الخرف مبكراً أي قبـل عمـر 65 سـنة، أو بعـد ذلـك فـيما يسمى بالخرف المتأخر. والطبيعي أن نتعـرض لمـرض الزهـايمر بشيء مـن التفصـيل لشيوعه وأهميته. يبدأ المرض خلال السنين الأولى بنسيان الأشياء والأحداث القريبـة بينما يحافظ على ذاكرته البعيدة ويتذكر ما حصل معه من سنين عديدة كما لا ينسى وقت زواجه أو أبنائه أو وظيفته، حتى هذه المرحلة هو قادر عـلى القيـام بشـؤونه الخاصة مع قليل من المساعدة، كما أن التدهور يزيـد تـدريجياً ويبـدأ بالتـأثير عـلى تفاصيل الحياة اليومية، فيصبح الشخص غير قادراً مثلاً على الوصول إلى بيتـه أو أداء أعماله المكتبية ويترافق هذا التطور مع حالة قلق شديدة، ذلك أن بصيرته للمرض ما زالت موجودة حتى هذه الفترة. بعد ذلك تتـدرج حالتـه سـوءاً فيفقـد قدرتـه عـلى معرفة الأشخاص القريبين منه كالزوجة مثلاً، ثم إنه قد يفقد القـدرة عـلى الكـلام أو السيطرة على البراز والبول. وقد

تترافق هذه المراحل مع حالات اكتئابية واضطراب في السلوك وهيجان، وربما مع أعراض ذهانية كالشك والهلاوس. في هذه المرحلة يكون المريض بحاجة لمساعدة دائمة وعلى مدار الساعة في كل شؤون حياته. من المهم معرفة أن هذا المرض هو متدهور إذ أنه لا يتوقع منه التحسن والرجوع إلى حالته العقلية السابقة، والجهود الطبية بالعلاج بالعقاقير أو العلاج السلوكي، تهدف غالباً إلى تأخير التراجع العقلي والسيطرة على السلوك المرضي المترافق مع هكذا حالات.

الشخص المصاب بالخرف وبالمراحل المبكرة والمتقدمة يفقد القدرة على الحكم على الأشياء، وتصبح أهليته ناقصة في مناحٍ كثيرة، حيث قد يقدم مريض الخرف على تصرفات مالية واجتماعية غير مسؤولة، أوً قد يستغل مادياً ومعنوياً من قبل آخرين، مما يثير موضوع الحجر وهنا يكمن دور الطبيب النفسي في تحديد الأهلية، وتقديم تقرير بذلك للمحاكم الشرعية والكنسية.

بعض حالات الخرف الناتجة من أمراض عضوية معروفة كقصر الغدة الدرقية، يمكن السيطرة عليها وربما رجوع المريض إلى حالته العقلية السليمة إذا أكتشف المرض مبكراً وتمت المعالجة الطبية المناسبة.

22 -الإندفاع Impulsivity

الإندفاع لغةً: المضيُّ في الأمر كائناً ما كان ويترادف معه الهوج، والأهوج هو المُسرع إلى الأمور كيفما أُتفق وقيل قليل الهداية، ومثلها النبض والنبضي، وفي لسان العرب: لا يعجبك الإنباض قبل التوتير وهذا مثل في استعجال الأمر قبل بلوغه إناه، وفي الحث على التأني والتفكر، والبعد عن الانفعال والتهور، قال عليه السلام: (ليس الشديد بالصُّرعة إنما الشديد الذي يملك نفسه عند الغضب).

أما الاندفاع كتعريف سلوكي: فإنه أي عمل غير محسوب العواقب وغير مفكر به جيداً، ويتم بطريقة لا تتسم بالصبر والأناة، وإنما بنوع من النبضية أو اللاإرادية وعدم القدرة على الصبر والمقاومة، هو عمل اندفاعي أو نبضي. وينجم ذلك عن عدم القدرة على ممارسة ضبط النفس ومقاومة الإغراء للإتيان بأي تصرف قد يكون مؤذياً للآخرين أو مخرباً للممتلكات، أو ضاراً بالشخص نفسه، وفي الغالب يكون ذلك دون تخطيط مسبق أو نية الإيذاء وإنما عبر الانفعال الشديد وكمحاولة لمعادلة التوتر الناجم عن موقف ما، أو عن رغبة داخلية أو نزوة، وغالباً ما يكون رد الفعل أقوى بكثير من الموقف المسبب له.

ويعقب الفعل هدوء مؤقت بسبب إشباع تلك الرغبة إلا أن هذا الهدوء لا يلبث أن يستبدل بندم شديد، لا سيما إذا كانت تداعيات الفعل ونتائجه سلبية على الشخص المعني، وقد يكون الاندفاع أو النبضية عرضاً لمرض معين مثل الزهو أو الفصام أو الخرف أو

الهذيان كما قد يكون أحد مكونات الشخصية وفي حالات أخرى يكون الاندفاع هـو المكون الرئيس للمرض، مثل حالات: -

1- السرقة المرضية (هوس السرقة) Kleptomania

2- الولع بالنار وإشعالها (هوس النار) Pyromania

3- المقامرة (المرضية) Pathological Gambling

4- نتف الشعر المرضي (هوس نتف الشعر) richotillomania

5- اضطراب التهيج المتقطع:INTERMITENT EXPLOSIVE DISORDER

أي حالات الهياج المتكرر أو نوبات أو ثورات الغضب المصحوب بالفعـل العنيف المفضي لإيذاء الشخص أو الآخرين أو الممتلكات حيث ينفعل الإنسـان ويثور لسبب تافه غالباً لا يبرر هذا الهياج.

وقد تلازم هـذه الحالـة الشـخص مـن المراهقـة وحتـى العقـد الرابع من العمر، ويمكـن تفرقـة ذلـك عـن الحالـة الجرميـة بانعـدام القصـد الجنائي، والتخطيط المسبق للإيذاء وكـذلك غيـاب الفائـدة مـن الفعـل، فمـثلاً المصاب بالسرقة المرضية يتناول الشيء من المتجـر إلا أن ذلـك لا يكـون بقصـد الاستفادة من ذلك الشيء أو الاحتفاظ به وغالباً ما يسـعى لإرجاعـه، كـما قـد يهـاجم شـخص يعـاني مـن الاندفاعيـة أو النبضـية شخصـاً آخـر لخـلاف عـلى أولويات المرور أو الدور لشراء تـذاكر سـينما , وقـد يـؤدي هـذا الهجـوم إلى إلحاق الضرر والأذى، وتتسبب الحالات سـابقة الـذكر بإشـكالات عديـدة مـن الناحية القضائية والقانونية حيث أنه في كثير من الأحيان يصعب تمييز النوايا،

وكذلك فإن إثبات التخطيط المسبق من عدمه بحاجة إلى مراقبة مطولة للسلوك، كما قد يلجأ بعض المجرمين أو الموقوفين لحيلة إدعاء المرض النفسيـ وذلك للتخلص من المسؤولية عن العمل المرتكب.

وفي الغالب فإن تدبير هذه الحالات يستغرق وقتاً طويلاً حيث أن الهدف النهائي للعلاج - كيماوياً أو نفسياً - هو تعديل سلوك إنسان والمحافظة على التحسن لفترات طويلة. ولا تتم إثارة هذه القضايا الاندفاعية في المحاكم الأردنية والعربية، في حين أنه يتم التعامل معها في الدول المتقدمة.

23- الإدمــان (Addiction)

الإدمان حالـة سـلوكية تـرتبط غالبـاً باسـتخدام المـؤثرات العقليـة والعقـاقير الخطرة، هذه الحالة تتمثل بالاعتماد على العقار، والاعتماد علـى العقار يتـأتى مـن تطور حالتين مهمتين لدى المريض .

(1) الاعتماد (Dependence)

بنوعيه الاعتماد النفسي والاعتماد الجسدي.

ذلك أن المتعاطي لهـذه المـواد تبـدأ مسـتقبلاته بتطويع نفسـها، بحيـث لا يخدم العقار الهدف المبغي تحقيقـه، وهـو إمـا الشـعور بالراحـة والرضا أو إزالـة القلق والسوء فيضطر الشخص إلى زيادة الجرعة تـدريجياً للحصـول علـى الشـعور المطلوب، وهذه الزيادة المطردة تنتج عن التحمل (Tolerance) وتصل الجرعـات لأرقام قياسيه تكون قاتله لو تعاطاها شخص غير معتمد على العقار.

(2) تطور الأعراض الإنسحابية الجسمية والنفسية:

ذلك أن الانقطاع عن المادة المُعتمد عليها يؤدي إلى مجموعة من المتلازمات الإنسحابية تختلف من عقار إلى آخر، هذه الأعراض غير محببة ومتعبة للمريض مما يجعله يعود عوداً غير حميد إلى تنـاول العقار مـرة أخرى، وهذه الأعـراض الإنسحابية قد تكون نفسية فقط أو نفسية وجسدية معاً.

السلوك المرتبط مع الإدمان هو سـلوك غـير سـوي، ذلك أن المـدمن يكرس حياته ومحورها حول العقار: كيف يحصل عليه؟ كيف يوفر المـال لجلبـه؟ كيـف يستمتع بأثره؟ وكيف يتجنب أعراض انقطاعه. مما يؤدي سلباً إلى تـدهور حياتـه اجتماعيا، اقتصاديا، تعليمياً، وظيفياً، وأضف ما شئت. ثم أنه قد يلجأ إلى

أساليب غير شرعية للحصول على المال اللازم للعقار، فالإدمان مرتع خصب للجريمة والانحراف، ومن ضمنها ترويج وتوزيع المخدرات للحصول على الجرعة مجاناً والحصول على دخل جيد.

يترتب على الإدمان مجموعة من الآثار السلبية طبياً، ذلك أن طريقة التناول قد تكون عن طريق الزرق الوريدي مما يؤهل إلى زيادة خطورة الإصابة بالأمراض الجرثومية كالتهاب الكبد الفيروسي والإيدز وغيرها، تؤثر بعض العقاقير على الأجهزة المختلفة كالكبد والكلى والقلب والدماغ.

هنالك مدرستين مختلفتين فيما يتعلق بالنظرة إلى الإدمان أحدها وهي المدرسة الأخلاقية ترى في المدمن منحرفاً خارجاً عن الحدود والأصول المتعارف عليها، ضاراً لنفسه ولمجتمعه مما يستوجب عقابه، والمدرسة الثانية وهي المدرسة الطبية والإنسانية، ترى في هذا الشخص مريضاً دفعته تركيبته الكيماوية إلى الإقدام على العقار وتولت الأعراض الإنسحابية والحاجة الجسدية مهمة استمرار أخذه للعقار، فهو إذن مريض يستحق أن يُعالج لا أن يُعاقب، إلا إذا صمم على الإدمان ورفض العلاج.

النظرة الثانية صورة أكثر موضوعية وإنصافاً، إذ أن المدمن يحب أن يقدم له العلاج الطبي المناسب، وهذا يتمثل بإدخاله إلى مستشفى متخصص بالحالات الإدمانية بهدف إزالة السمية، وتطبيق العلاجات المعرفية والسلوكية لمنع الارتداد أو الانتكاس مرة أخرى.

أما عن العمل على مستوى الوطن بهدف محاربة الإدمان، فإن الاستفادة من النماذج الأخرى المطبقة تفيد بضرورة الإرشاد الوطني

المستمر والتوعية وزيادة المراقبة ومنع الترويج والحث البناء للمدمنين بالانقطاع والمعالجة. إضافة إلى تشريعات صارمة تمنع المروجين وبائعي السموم وتروِّعهم وتقف في وجوههم، وتشجع المدنيين على العلاج والتعافي.

24- الهيرويـن (Heroin)

إن الهـيروين مـادة تصـنع مـن الأفيـون الـذي يؤخـذ مـن نبـات الخشـخاش، المنتشرة زراعته في أفغانستان وباكستان، وجنوب شرق آسيا بشكل رئيسي، وفي إيران وتركيا، ويصل إنتاجه السنوي إلى سـتة آلاف طـن، ولكـن الهـيروين الـذي يصـل إلى الشارع يتم غشه عدة مرات، بحيث لا يتجاوز نسبة محتواه من الهـيروين عـن5 أو 8% فقط، والباقي هو من الشوائب وكثيراً ما تكون ضارة.

المشـكلة في الهـيروين تكمـن في سرعـة الإدمـان عليـه، فخـلال بضـعة أيـام وجرعات قليلة، يصبح من الصعب التوقف عنه لوجـود أعـراض إنسـحابية، وأثنـاء تعاطي الهيروين فإن المتعاطي يبدأ بالنحول والشحوب وينقص وزنه ويصـبح يعـاني من إمساك دائم، يصبح هاجسه ليل نهار هو البحث عن الجرعـة التاليـة، ويحتـاط دائماً ببعض الحبوب المهدئة القوية، أو المشروبات الكحولية، خوفاً من عدم حصوله على الجرعة التالية، مما يجعل حياته تدور في فلـك هـذا العقـار، ويهمـل في عملـه وحياته الأسرية ويبذر أمواله ويقترض ويستدين من هنا وهناك، وقـد يسرـق تحـت وطأة الضغوط المالية الهائلة.

فالمتعاطي في عمان يدفع ما بين 30 إلى 150 دينـار ثمنـاً للغـرام تبعـاً لمكانتـه وموقعه في سوق البيع، وهناك من يصل في اليوم إلى ثلاث وخمـس غرامـات وحتـى العشرة، وبإمكان المرء تخيل حجم المصاريف المترتبة، وإمكانية وقوع هذا الشـخص في السرقة أو الترويج، ولا يفوتنا أن نقول أننا في أي بلد نفقد سنوياً عدد من النـاس بالجرعة الزائدة، إذ أن متعاطي الهيروين إذا انقطع فترة وعاد

للتعاطي فإن تحمله يتغير، فمن كان يأخذ غرامين ودخل السجن لستة شهور وخرج، فإن تحمله للغرامين لن يكون قائماً، وقد يحقن نفسه بغرامين فيتوقف نفسه ويموت فوراً.

من المهم أن نعرف بأن القانون الأردني قد أزال العقوبة عـن المتعـاطي الـذي يأتي للعلاج من تلقاء نفسه، وهذه من الأمور التي تسجل بفخر لقـانون المـؤثرات العقلية والعقاقير الخطرة الأردني، رغم ما فيه من عيوب أخـرى، وقلـما اسـتعملت المحاكم المختلفة مـا ورد في القـانون مـن إعطـاء فرص عـلاج للمتعـاطين، لأن هـذا أجدى نفعاً من العقوبة، وخصوصاً أن الهيروين يصـل إلى نـزلاء السـجون في بعـض الأحيان، في الأردن وفي معظم دول العالم.

25 -الكحول (Alcohol)

يعتبر الكحول المادة الأكثر شيوعاً بين المواد المؤثرة على العقل من حيث الاستخدام في معظم الحضارات، والمشروبات الكحولية المختلفة تتفاوت في نسبة الكحول فيها وتتراوح بين 4% في البيرة إلى حوالي 90 - 95% في الكحول الطبي.

المشروب الكحولي	نسبة الكحول
• البيرة	% 8 - 4
• النبيذ	%13 - 8
• الويسكي، الفودكا	% 50 - 40
• العرق، الجن الكحول الطبي	%95 - 90

وبشكل عام فإن الكحول هو مثبط للجهاز العصبي المركزي، ويختلف تأثيره على الجسم اعتماداً على عدة عوامل منها:-

1. الحالة النفسية التي يكون فيها الشخص الذي يتناول الكحول.
2. كمية الكحول المتناولة.
3. نسبة الكحول الموجودة في المشروب الكحولي.
4. تعود الشخص على شرب الكحول.
5. جنس الشخص فالمرأة أكثر تأثراً من الرجل.
6. وما إذا كان قد تناول الطعام عند الشرب أو لا.

نسبة الكحول في الدم هي المقياس الذي يعتمد عليه لمعرفة أثر الكحول على الشخص، فمثلاً على نسبة 50 ملغم/ 100 مل،

يخفض الكحول القلق العام، ويؤدي إلى رفع الموانع عن بعض التصرفات، وعلى مستوى أعلى من 80 ملغم/ 100 مل يؤثر الكحول بشكل كبير على الجهاز العصبي الحركي للإنسان، وعلى مستوى أكثر من 300 ملغم/ 100 مل، يتأثر معظم الناس بشكل كبير، وقد يحصل هناك انحدار شديد في مستوى الإدراك والوعي وقد تحصل الوفاة.

في الولايات المتحدة فإن 200.000 من الوفيات تقريباً يكون للكحول أثر مباشر فيها، كما أن 50% من حوادث السيارات التي ينتج عنها وفيات يكون السائق فيها تحت تأثير الكحول، وترتفع هذه النسبة إلى 75% إذا أُخذ بالحسبان الحوادث التي تحصل في وقت متأخر من المساء، ومن هنا تأتي أهمية تحديد مستوى الكحول في الدم والذي يُسمح فيه للشخص بقيادة سيارته، وتختلف نسبة الكحول في الدم والتي يسمح بها في السواقة من دولة إلى أخرى، ولكن وبما أن نسبة أكثر من 80 ملغم/100 مل تؤثر بشكل كبير على الجهاز العصبي الحركي فقد أخذت هذه النسبة في بريطانيا مثلاً كحد أعلى يُسمح فيه للشخص المتعاطي بالسواقة، وإلا فإنه يغرم أو يسجن في حال الإمساك به وفي السنوات الأخيرة اتجهت الكثير من الدول إلى منع قيادة السيارات تحت تأثير أي كمية من الكحول.

إن تعاطي الكحول يؤدي في بعض الأحيان إلى مضاعفات مثل فقدان الشعور، وفقدان الذاكرة والغيبوبة، ومن هنا تأتي أهمية السؤال: هل يؤدي تناول الخمر إلى انعدام المسؤولية الجنائية في حالة ارتكاب الجريمة؟

الإجابة على هذا السؤال تعتمد على النقطة الأساسية التالية وهـي أنـه إذا كان التعاطي دون رضا الجاني أو دون علم منه بحقيقتها، فـلا يكـون عليـه عقـاب، وذلك حسب المادة (93) من قانون العقوبات الأردني. أما إذا كان التعاطي عن علم وإرادة واختيار حر، فإنه لا يعفي من المسؤولية الجنائية حتى ولو كان المجرم فاقداً للشعور وقت ارتكاب الجريمة، وتفسير ذلك أنـه يجب أن يكـون عـلى عـلم بآثـار الخمور وأنها يمكن أن تدفعه للتصرف بأفعال غير مشروعة، وهذه ليست بالضرورة فلسفة القوانين في دول أخرى، والموضوع قابل للجدل والنقاش، وهنـاك مـن يقـترح تخفيف المسؤولية والأمر بالعلاج.

26-الحشـيـش (Hashish)

وهو أرخص أنواع المخـدرات، ويدخنونـه مثـل الأفيـون، والمـدمنون يطلقـون عليه اسم "a Joint" إذا كان ملفوفاً في صورة سـيجارة، فـإذا لم يكـن كـذلك سـموه "Grass"وهو في الحقيقة أزهار نبـات القنـب. أمـا في بـلاد الشرق، فـإنهم يسـمونه بعقار الحشيش أو جانجا وهم يدخنونه أو يمضغونه أو قد يتناولونه بالفم في صورة شراب أو مع الحلويات.

الحشـيش أو الماريجوانـا مشـتقة مـن نبـات القنـب الهنـدي (Cannabis Sativa) وأوراقه المجففـة "Grass" هـي الماريجوانـا. والمـادة المفـروزة مـن زهـور الإناث هي القنب. خيوط هذه النبتة تسـمى في العربيـة بـالخيوط القنابيـة، لهـذا أطلق على مستحضرات هذه النبتة بالقنابيات.

هذه النبتة تنمو إلى ارتفاع مترين، وهي حوليـة، ولهـا أوراق طويلـة وضـيقة ومسننة. وجدت في مناطق أواسط آسيا ومن هناك انتشرت إلى مناطق أخرى.

المادة الفعالة في هذه المستحضرات هي مادة Tetrahydrocannabinol.

تتوافر أصناف عديدة في النبتة القنابيـة والتـي يربـو عـددها عـلى الخمسـين صنفاً، وهناك تفاضل في نوعية وفعالية ما يستحضر من هـذه النبتـة، وأيضـاً للجـزء من النبتة الذي تستحضر منه المادة القنابية، وفيما إذا كانـت النبتـة ذكـراً أو أنثـى. معظم المادة الفعالة للنبتة تتواجد في الأوراق القريبة مـن الزهـرة وخاصـة الزهـرة نفسها، غير أن المادة تتوافر أيضاً في ساق النبتة.

مادة التتراهيدروكنابينول هي المادة الأساسية الموجودة في الحشيش وهذه المادة لها قابلية للذوبان في الماء، هذه المادة تخزن في الدهون ولهذا فإنها تظل في الجسم لمدة طويلة قبل استقلابها وإفرازها والحشيش والماريجوانا لاتذوب بالماء ولذلك لا يستطيع المتعاطي تناولها بالحقن الوريدي.

هذه الخاصية تسمح بالاحتفاظ بالمادة في الجسم وتكدسها مع تكرار الاستعمال، مما له أن يؤدي إلى تزايد في فعلها المؤذي للمتناول مع مرور الزمن، وخاصة على الجهاز العصبي، ومن المواد الأخرى الضارة والمتوافرة في مادة الحشيش هي المادة القطرانية وغيرها من المواد التي لها أن تسبب السرطان، ولهذا فإن تدخين التبوغ المخلوطة بالحشيش له أن يضاعف من الفعل السرطاني للمادة. وغير ذلك من الآثار الضارة وخاصة على الرئتين والحلق والجيوب الأنفية، أيضاً لها تأثير على جهاز المناعة، وعلى إنقاص الرغبة والطاقة الجنسية.

إن المتعاطي لمادة الحشيش يعاني من تغيير في حس الزمان بحيث يظهر بطيئاً ويميل المستعمل إلى النعاس ويشوه الإحساس بالمكان بحيث تبدو الأبعاد أكثر أو أقل، وهذا يجعل قيادة السيارات خطراً كبيراً، كما لها تأثير أيضاً على الذاكرة وعلى المدى الطويل فلها أن تؤدي للقلق والهلاوس والحركة المفرطة والوهم، واستعمال مادة الحشيش يؤدي إلى احمرار ملتحمة العين وجفاف الفم وتسارع النبض، كما يسبب اعتيادا نفسياً ويهيئ للانتقال لأنواع أخرى من مواد الإدمان الأكثر خطورة.

في الماضي استعملت لأغراض تسكين الآلام، والمساعدة على النوم والتخدير، وللتخفيف من القلق والهم، وفي القرن الماضي استعملت لعلاج حالات الصرع، وفي السنوات الأخيرة توافرت بينات عن فائدة استعمالها في علاج ارتفاع ضغط العين ولمنع نمو الأورام، ولكن أخطاره كثيرة ولا يوجد له ميزات علاجية تبرر استعماله.

القنابيات والقانون:

إن قوانين العديد من البلدان تحظر حيازة وزراعة وتصنيع المستحضرات القنابية على أشكالها المختلفة، أو المتاجرة بها بأي طريقة أو مقدار. وهناك بعض البلدان التي إما تتغاضى عن التناول الشخصي- وبصورة علنية لأي من هذه المستحضرات، أو تتسامح في حيازة مقدار قليل منها للاستعمال الشخصي- إلا أن بلداناً أخرى تعاقب على ذلك، وتعتبر التعاطي جريمة يعاقب عليها، والقانون الأردني يعتبر أي كمية مخالفة للقانون ويوجه للمخالف تهمة التعاطي والحيازة.

27- اضطرابات السلوك عند الأطفال والمراهقين
(The conduct disorders in children and adolescents)

سنتناول فقط في هذه المعالجة اضطرابات السلوك التي تفضي إلى تداخلات قضائية، وهي تلك المصنفة في الطب النفسي تحت Conduct disorders، وتتميز بتكرار السلوك المعادي للمجتمع، وعدم الارتداع من تبعات هذا السلوك أو الاستجابة للنصيحة بما يميزه عن الشقاوة العادية. ويعتبر هذا الاضطراب من أكثر الاضطرابات النفسية شيوعاً لدى الأطفال والمراهقين.

في سني ما قبل المدرسة تظهر بوادر هذا السلوك على هيئة تعدي على الأطفال الآخرين، تحدي الوالدين وأحياناً فرط الحركة.

في السنوات التالية تتفاقم الأعراض وتبدو بوادر عدم احترام حقوق الآخرين، وعدم الإمتثال للقوانين، ومن أبرز المظاهر السلوكية: -

1- العصيان وعدم الاستجابة للقوانين والأعراف.
2- الكذب.
3- السلوك العدواني والتهجم على الأفراد والممتلكات.
4- كثرة المشاكل المدرسية وتشكيل العصابات والتأخر الدراسي والهروب من المدرسة.
5- السرقة.
6- استعمال المؤثرات العقلية، كحول، حشيش، مهدئات، مواد متطايرة، تنر، أجو.
7- السلوك الجنسي المشين.

97

8- إشعال النيران.

9- أية أفعال أخرى متضاربة مع النمط السائد والمقبول في البيئة المحيطة.

حينما تصطدم أياً من السلوكيات السابق ذكرها مع القانون، فإن الأمر يتحول من مجرد اضطراب سلوكي Conduct disorder، إلى جنوح Juvenile delinquency وهو مصطلح قانوني وليس طبي ويفهم على أنه يعني مخالفة القانون في سني المراهقة 15-17 عام.

لا يعرف على وجه التحديد سبب وحيد لهذه الاضطرابات، وفي كثير من الأحيان قد يلزم البحث إذا ما كان هناك حالة مرضية خلف الجنوح مثل الذهان والتخلف وما إلى ذلك، وفي أحيان أخرى قد يكون هذا الجنوح مؤشراً على اضطراب مستقبلي في شخصية المريض ينبغي البحث عن خلفياته البيئية والوراثية.

ومما لا شك فيه أن تدبير كل حالة يختلف باختلاف الأسباب المحدثة لها، ولابد من تطوير القوانين المعمول بها في مجال جنوح الأحداث بحيث يكون هناك إصلاح نفسي اجتماعي ودراسي رغم ما فيه صعوبات وتحديات كبيره، ولابد لقانون الأحداث أن يوفر هذه الرعاية بأعلى درجاتها، لأن عدم إصلاح المراهقين ذوي السلوك المضطرب سيؤدي لسلوك إجرامي في المستقبل.

28- الانتحار (Suicide)

إن الإقدام على الانتحار ليس أمراً يستخف به، ومن المعروف أن نسبة وقوع الانتحار في العالم تتراوح بين 25 إلى 40 حالة انتحار لكل مئة ألف نسمة من السكان سنوياً، وأن محاولات الانتحار تتراوح بين 300 إلى 500 محاولة انتحار لكل مائة ألف مواطن سنوياً.

وإذا نظرنا إلى الأرقام في الأردن فإنها لا تصل إلى الواحد، بل هي بالأعشار، وباعتقادي واعتقاد كافة الخبراء أننا فعلاً أقل انتحارا من الشعوب الغربية والدول الأخرى، لوجود الوازع الديني والترابط الأسري، ولكن ما يتم الإبلاغ عنه وتسجيله كحالات انتحار هو ليس كل حالات الانتحار، ونظراً لما يحمله الانتحار من وصمة اجتماعية فإن الكثير من الجهات من الأطباء والأطباء الشرعيين والمدعين العامين، قد يتساهلون في تسمية الانتحار، وهذا في الحقيقة يعيق أي محاولة لمكافحته، ولكن المؤكد أن معدلات الانتحار هي في ازدياد في الأردن والدول العربية.

وأسباب الانتحار في الطب النفسي- معروفة، وهي بالدرجة الأولى الاكتئاب النفسي، ثم الفصام العقلي والإدمان على الكحول والمخدرات والمهدئات العقلية المختلفة، واضطرابات الشخصية، أما محاولات الانتحار فإنها قد لا تكون بقصد الانتحار فعلاً، بل هي بقصد لفت النظر إلى أن الشخص يعاني ويريد حلاً، ومع ذلك فإن القانون الأردني يتعامل مع الأمر على أن من حاول الانتحار يحال إلى المدعي العام والذي بدوره لابد أن يتأكد من أنه قام بذلك لوحده ولم يساعده أحد أو يدفعه إليه ويغلق القضية، والحقيقة أن القانون

قد تطور في معظم دول العالم، بحيث أن القضية لا تغلق إلا بعد أن يتم عرض ذلك الذي حاول الانتحار على طبيب نفسي ليقرر حالته ويتابعه، والسبب في هذا أن 70% ممن ينتحروا كانوا قد حاولوا الانتحار سابقاً، ويعني ذلك أنه كان من الممكن إنقاذهم.

ولا شك بأن هناك نسبة ممن ينتحرون يقدمون على القتل الذي يسبق الانتحار، خصوصاً بدافع الشفقة والأمثلة على ذلك بين أيدي الخبراء والقانونيين كثيرة متعددة.

29-اضطراب تعدد الشخصية
(Multiple personality disorder)

طالما يتم الخلط بين هذه الحالة وبين الفصام العقلي أو انفصام الشخصية كما يطلقها العامة خطأً، فتعدد الشخصية هو اضطراب تحويلي في الهوية نادر وقليل الشيوع، ولكن أخذ شهرته من الأدبيات والقصص السينمائية بسبب احتوائه على فكرة مثيرة مقبولة درامياً وجاذبة لعقول الناس واهتمامهم، ومعظم الأطباء النفسيين لم يسبق لهم أن رأوا حالة تعدد شخصية ومعظم الحالات الموثقة هي قضائية وفي الغرب، أما ادعاء هذا الاضطراب فهو قائم.

هذا الاضطراب "النادر" يتمثل بوجود شخصيتين أو أكثر لدى نفس الفرد، وتكون كل شخصية منفردة عن الأخرى بتكوينها السيكولوجي، بتفكيرها، بمبادئها ومثلها وربما معدل الذكاء، كما جاءت به بعض الدراسات. من المثير أن كل شخصية تكون غير واعية لوجود الشخصية الأخرى بتاتاً، ولا تتذكر أي منهما، الأحداث والمواقف التي حصلت مع الشخصية الأخرى.

ويربط العلماء هذا الاضطراب بوجود أحداث عصيبة مر فيها الشخص في طفولته، ووجد نفسه عاجزاً عن الخروج منها بأمان واستقرار وثقة، مما يعطي لتشكيلته الدماغية والعقلية مبرراً للانفصال عن بعضها البعض وهو التفارق (Dissociation)، لينتج شخصية أخرى بقوالب فكرية مختلفة ودفاعات نفسية مختلفة، تسمح لهذا الشخص بالدفاع عن نفسه في حالات الأزمة المشابهة التي مرت عليه.

على جميع الأحوال فإن الشخص بشخصياته المختلفة يكون مسؤولاً عن تصرفاته وواعياً لها ولا يترافق هذا الاضطراب مع الأوهام أو الهلاوس المرضية، ولا نستطيع جزماً معرفة فيما إذا كان الفرد قد تحولت شخصيته إلى شخصية أخرى، فالتشخيص التفريقي لهذه الأعراض يشمل الإدعاء المرضي والكذب، ومعظم الحالات هي لمتهمين أدعوا تعدد الشخصية في محاولة للإفلات من العقاب.

المريض في الحالات المثبتة لتعدد الشخصية يحتاج إلى علاج نفسي- طويل الأمد، وهو مرشح للعلاج النفسي- التحليلي بهدف استجلاء الدفاعات النفسية المختفية وراءه، والكشف عن المسبب الأصيل في تاريخ المريض النفسي، ولكننا قلما نراها في الممارسات العملية وتبقى طريقة المعالجة تلك ضمن المنحنى النظري والتعليمي لا غير.

30-اضطرابات الشخصية
Personality disorders)

الشخصية هو النمط طويل المدى الذي يصبغ الأفراد المختلفين فيما يتعلق بطريقة تفكيرهم وأحاسيسهم وانفعالاتهم ونظرتهم إلى الأمور المختلفة، إذن فنحن نتحدث عن صفة دائمة لا عن عرض مؤقت ويبدأ كل فرد منا بأخذ نمط شخصية معينة في نهاية سن المراهقة وبداية الشباب.

من المفروض بالشخصية السليمة أن تكون متأقلمة مع المجتمع والناس والظروف المختلفة التي يعيشها الفرد، وبالتالي فإن أي حياد في صفات هذه الشخصية والذي يؤثر على المجتمع المحيط سلباً وعلى الفرد ذاته بالمعاناة والتعب يصنف طبياً تحت بند اضطرابات الشخصية.

وتظهر الصعوبة الكبيرة في التعرف على الأسباب التي أدت إلى تكوين الشخصية، حيث تلعب عوامل متداخلة أدواراً مختلفة في صناعة أي فرد، وتشمل طرق التربية، والخبرات السابقة، والاستعداد البيولوجي، وأثر الوراثة، والتركيبة الكيماوية العصبية لمختلف الناس وغيرها.

هنالك العديد من الشخصيات المصنفة ضمن التصنيفات المختلفة وللسهولة فإننا نستطيع تقسيمها تحت ثلاثة بنود رئيسية.

(1) الشخصيات الغريبة: وتشمل الشخصية الفصاميه، الشخصية الزوريه، ألشخصيه المنعزلة.

(2) الشخصيات المثيرة والمستفزة: وتشمل الشخصية الحدية، الشخصية الهستيرية، الشخصية النرجسية، والشخصية ضد المجتمع.

(3) الشخصيات القلقة والمتوترة: وتشمل الشخصية المعتمدة، الشخصية ألوسواسيه والشخصية السلبية العدوانية.

وسوف نشير بـبعض التفصيل للشخصية الضـد (السـيكوباتية) للمجتمـع لارتباطها ومشاهدتها في المجال القضائي والشرعي:

ويجب توافر العديد من الشروط السريرية بهدف التشخيص:-

(أ) تُشخص بعد عمر الثامنة عشرة لا قبل.

(ب) تواجد حالة إضطراب السلوك لدى هذا الفرد قبل هذا العمر.

(ج) توفر ثلاث عوامل على الأقل فيما يلي: -

1. تكرار السلوك غير القانوني.

2. نمط طويل المدى من العدوانية والتحفز.

3. عدم تواجد الحـس بالمسـؤولية في شـؤون عديـدة في العمـل وفي إدارة شؤونه المالية الشخصية.

4. الاندفاع وعدم القدرة على التخطيط.

5. الخداع.

6. التصرفـات الطائشـة التـي لا تأخـذ بمبـدأ السـلامة للنـفس وللآخـرين كالسواقة الطائشة وإطلاق النار غير المسؤول.

7. عدم الشعور بالذنب عند ارتكابه للأخطاء أو الإساءة للآخرين.

إن الأفراد المشخصين تحت إضطراب الشخصية يكونون في وضع نفسي- لا يخلُ في قدرتهم على اتخاذ القرار، وإن اعتبر قضائياً في العديد من الحالات اضطرابا مخفضاً للمسؤولية، ولكن ليس في القانون الأردني.

العلاج لحالات إضطراب الشخصية طويل المدى، وتستخدم فيه أساليب علاجية مختلفة كالعلاجات الكيماوية والسلوكية والمعرفية، ولا بد من الإشارة أن اضطرابات الشخصية المترافقة مع الجريمة هي من المواضيع الأكثر حاجة إلى إجراء تشريعي مرن، ينظم العلاقة بين السلطة القضائية والتزامها بالعدل والعقاب من جهة وبين النظرة الطبية التي تهدف إلى العلاج وتعديل السلوك. هذا بهدف الوصول إلى نتائج طويلة المدى تحمي المجتمع من الضرر، ولكنها وبنفس الوقت تساعد الفرد على الخلاص من مشكلته طويلة المدى تلك، مع العلم أن هناك صعوبة كبيرة في وضع برامج تأهيل وإصلاح وعلاج لهؤلاء الأفراد، وغالباً ما يستمروا بالخداع والكذب والتحايل على البرامج الإصلاحية، وقد فشلت الكثير من التجارب العلاجية لإصلاحهم. ويشكل هؤلاء عائق أمام البرامج اليومية المتبعة في مراكز التأهيل والإصلاح ويعملوا على تعطيل هذه البرامج.

31 -أسباب الاضطرابات النفسية

لقد ظهرت نظريات وآراء مختلفة في أسباب الإضطرابات النفسية. فبينما نجد فرويد يعزى أسباب الأمراض النفسية إلى تجارب الطفولة والرغبات والصراعات المكبوتة التي تستقر في اللاوعي والتي تسعى للظهور، ولو بشكل خفي، فنجد (أدلر) كان يرى أن المرض النفسي يأتي لتعويض الفرد عن شعوره الواقعي أو الوهم بالنقص، وأن المريض بمرضه يستطيع السيطرة على الآخرين في محيطه، وهذا يحقق له التعويض عن شعوره بالنقص. أما (يونغ) فإنه يرى أن أسباب الأمراض النفسية ليست من الماضي بقدر ما هي في الحاضر.

وهنالك إلى جانب هؤلاء كثيرون ممن جاءوا بنظريات نفسية ومنهم من يركز اهتمامه على العوامل الآنية الحديثة والفعالة في حياة الفرد، ومنهم من ابتعد كثيراً إلى الوراء، فراح يبحث عن عوامل الصدمة النفسية في تجارب السنة الأولى للطفولة وحتى في فترة الولادة، أما المدرسة الوجودية فهي تهمل اللاوعي وتجارب الطفولة، كما تهمل القوى الغريزية في الإنسان وبدلاً من ذلك تعطي الأهمية للتجربة الشخصية للفرد كجزء من علاقته بغيره، وفي عالمه أنه عالم لا يمكن أن يكون له وجود بدونه.

أما النظرة الحديثة لأسباب الاضطرابات النفسية، فهي بالتأكيد تقوم على أن الاضطرابات النفسية هي نتيجة لعدة عوامل تتفاعل مع بعضها البعض، لتصل إلى حدوث تغير كيماوي في الناقلات العصبية الكيماوية في المشابك العصبية في الدماغ. وفي

هذه النظرة لا يوجد تناقض بين الوراثة والبيئة أو العوامل البيولوجية والاجتماعية، بل كل هذه عوامل مكملة لبعضها البعض.

1. **العوامل الوراثية:** أصبح من الواضح بعد اكتشاف أسرار الجينات بأن كل الأمراض البشرية والصفات الإنسانية لها شفرة جينية وراثية، ومن المعروف في المشاهدات اليومية في الطب النفسي أن الفصام يصيب 1% من البشر وأن إخوان وأبناء المصابين أكثر إصابة، فتصل نسبة إصابتهم ببين 5-8%، وبالنسبة للتوائم المتشابهين فإن احتمال حدوث المرض عند التوأمين هو 60% وهذا يؤكد وجود عوامل بيئية لأن التوائم المتشابهة هم نسخة وراثية متطابقة ولكن نسبة حدوث المرض في شقي التوأم هي ليست 100%.
2. **العوامل البيئية:** تلعب البيئة دوراً هاماً في حياة الناس وأمراضهم، فعلى سبيل المثال يرتفع معدل الاكتئاب في المناطق قليلة الشمس كما يرتفع في المناطق البعيدة عن البحار والتي لا تأكل الأسماك والمأكولات البحرية.
3. **العوامل الاجتماعية:** أحداث الحياة ومشاكلها وتقلباتها والصراعات والفقر والبطالة والغناء الفاحش والتغيرات الأسرية، كلها عوامل تساهم في حدوث الاضطرابات النفسية.
4. **العوامل النفسية:** إن طباع الإنسان وشخصيته وتركيبه النفسي- وخبراته عبر السنين لها دور في حدوث الاضطرابات النفسية، فالشخصيات ألوسواسه معرضة للقلق والاكتئاب

والوســـواس والشخصـــيات الســـيكوباثية معرضــة للعنـــف ومحاولات الانتحار والانتحار.

5. **الصدمات والخبرات المؤلمة:** كالإساءة للأطفال والتعرض للكوارث لهـا دور في حدوث الاضطرابات النفسية.

6. **التغيرات الكيماوية في الدماغ:** من تغيـر في النـاقلات العصبية الكيماوية كالدوبامين والأسيتيل كولين والنورأدرينالين والسيروتونينين، هي آخر هـذه المتغيرات التي تؤدي لظهور الأعراض والتي يوجه العلاج ضدها.

32- إدعاء المرض النفسي (Malingering)

إن هذا الأمر يشغل بال الرأي العام والمحامين ورجـال الأمـن والقـانون، عـلى اعتبار أنه من السهل إدعاء المرض النفسي للمرور من المأزق، وحقيقة الأمـر أنـه إذا كان هناك تنظيم لقطاع الطب النفسي ـ القضائي وتحديد الخبراء الـذين يقومـون بالفحص وإعطاء التقارير، فإن فرصة إدعاء المرض النفسي تفوّت عـلى مـن يـدّعيها، وذلك لعدة أسباب:

(1) إن إدعاء المرض النفسي حتى لو أن المـدعي قـد حفـظ أعراضـه كاملـةً، فإنه لا يستطيع أن يطبق سلوكه بشكل كامل، فمـن المسـتحيل مـثلاً أن يكون المريض يدعي الاكتئـاب الشـديد والهـلاوس والأوهـام، ثـم تجـده يأكل ويشرب وينام ويقرأ الصحف ويشاهد التلفاز بصورة طبيعية.

(2) أنه من المعروف بين الخبراء في مجال الطب النفسي القضائي أن الأسـئلة المباشرة للمريض لا تسأل، والتي عادةً ما يكون قد لقن بها من طرف أو آخر، مثل سماع الأصوات أو رؤية خيـالات وغيرهـا، ممـا يسـتفز هـؤلاء المدعين المتهمين ويجعلهم يفصحوا عما بداخلهم.

(3) إن كثيراً من مـدعي المـرض النفسي ـ يحـاولون تمثيـل الخـرف أو الإعاقـة العقلية، وهذا أمر صعب وواضح، ويمكن تمييزه بدقائق.

(4) قام أحد الصحفيين بإدعاء المرض النفسي في مستشفى أمريكي، وبعد أن درس الفصام بكل ما فيه من أعراض

ومثلها، خرج بنتيجة كتبها في كتاب، (أنه قد يكون من الممكن إقناع الأطباء النفسيين بوجود المرض، ولكن ما هو السبيل لإقناعهم أن المريض قد شفي)، وهذا تعليق يتمشى مع الواقع.

(5) أن الكثير من المرضى الحقيقيين عند انتهاء مشكلتهم، يقولون أنهم ادعوا المرض النفسي وهم ليسوا مرضى للتخلص من الوصمة، وهذا يحفز البعض لإدعاء المرض النفسي.

وبالنهاية لا بد من الإشارة بأن الدراسات التي تابعت أولئك الذين يدعون المرض النفسي حتى في المجال القضائي، بعد متابعتهم بسنوات فإن نسبة كبيرة منهم تصاب بأمراض عقلية ونفسية، ويختلط الحابل بالنابل، وذلك أن معظم الناس سويي العقل لا يوافقون أبداً على فكرة إدعاء المرض النفسي، وأن الموافقة على هذه الفكرة بحد ذاتها هو اضطراب، بمعنى آخر (أن تمثيل الجنون هو جنون بذاته).

33-الانحرافات الجنسية
(Sexual perversions)

الجنس من الغرائز الفطرية لدى البشر ومن العوامل المهمة والمؤثرة على سلوك البشر، وتُوفِّر ممارسة الجنس شعوراً بالنشوة واللذة والاستمتاع، لولاها لما أقدم البشر على ممارستها ولما تم الحفاظ على الجنس البشري.

إلا أنه وفي بعض الأحيان ونتيجة لاضطرابات نفسية أو عضوية، تتغير نية تلك الممارسة لدى البعض وتنحى منحى غير طبيعي، وربما غير قانوني ومن هذه الانحرافات: -

1- الاغتصاب(Rape) وهتك العرض وهو الممارسة الجنسية مع البالغ قسراً ودون الموافقة، أو مع من ليس لديها الأهلية لإعطاء الموافقة بسبب المرض أو العمر.
2- ممارسة الجنس مع الأطفال والقاصرين Pedophilia.
3- ممارسة الجنس مع الأموات Necrophilia.
4- ممارسة الجنس مع المحارم Incest.
5- ممارسة الجنس المترافقة مع التعذيب Sadism.
6- البصبصة الجنسية Voyeurism.
7- التعري والفعل الفاضح Exhibitionism.
8- الدعارة وممارسة الجنس بغرض الكسب وبيع الجنس، وهذا في بعض البلدان يعتبر عملاً خاضعاً لقوانين تنظمه، ولكنه على الأغلب غير وارد في نصوص محدده تغطي كافة جوانبه كما هو الحال في الأردن.

9- الجنسية المثلية Homosexuality وهي الممارسة مع نفس الجنس سواء الأنثوية منها أو الذكرية، وهذه الممارسة تعتبر الآن قانونية في العديد من البلدان، وقد شطبت نهائياً من جداول الاضطرابات النفسية الجنسية وتعتبر جزءاً من الحرية الشخصية.

10- مواقعه الحيوانات Bestiality.

11- الفيتيشية Fetishism وهو التهيج لدى مشاهدة عضو من أعضاء الجنس الآخر مثل الفخذ أو القدم أو متعلقات كالحذاء أو الغيار الداخلي وهذا اضطراب خاص بالذكور.

12- Transsexualism وهو الشعور بمشاعر الجنس الآخر كأن يكون ذكر مكتمل الرجولة جسدياً ويشعر كأنثى، ويرغب باللباس الأنثوي وحتى قد يتناول الهرمونات الأنثوية ليبدو كالإناث، ويطالب بإجراء عمليات جراحيه لتغيير الجنس مما يؤدي لإشكال قانوني كبير.

مما لا شك فيه أن قضايا الانحراف الجنسي- تشغل حيزاً مهماً من ممارسة الطب النفسي القضائي، فإضافة لتداخلها مع العديد من الجرائم مثل القتل والإدمان، يشكل بعضها جريمة بحد ذاته وليس مجرد انحراف صحي.

وهنا ينبغي ملاحظة أن الانحراف الجنسي قد يكون انحرافا مبدئياً أو أنه ناتج عن اضطراب عقلي معين، ويعتبر امتداداً وبالذات الاضطرابات الذهانية.

34-علاج الاضطرابات النفسية

لقد تطورت أساليب المعالجة للاضطرابات النفسية خلال القرن الحالي، وربما في السنوات العشر الأخيرة تحديداً، ذلك أن ما تحقق فيها يفوق بعشرات الأضعاف كماً ونوعاً ما تحقق عبر عمر البشرية بأكمله.

في البدايات، كان العلاج للاضطرابات النفسية متأثراً بشكل كبير في الدين ثم الكهنة ثم الفلسفة التي كانت تفسر تلك الأمور، وبالتالي فإن الاعتماد كان كبيراً على ثم على المعالجات النفسية طويلة المدى كالعلاج النفسي- التحليلي، والذي يحتاج إلى سنوات طويلة وكلفة عالية، وهي لا تفوق بكفاءتها المعالجات النفسية القصيرة نسبياً، مما أدى إلى انحسار دور العلاج النفسي- التحليلي وحصرها في حالات نادرة جداً.

تستطيع القول أن طرق العلاج النفسي الحديث تعتمد على الجمع والخلط للعديد من الأساليب، وتختلف الطرق المستخدمة من مريض إلى آخر ومن مرض نفسي إلى مرض نفسي آخر.

وإليكم بعض هذه الأساليب: -

(1) العلاج بالعقاقير النفسية:

وهي التي ساهمت بشكل كبير في إحداث الطفرة الحالية في الطب النفسي، ونتحدث الآن عن مئات العلاجات النفسية التي تؤدي إلى نتائج طيبة ومشجعة في مختلف الإضطرابات النفسية. إن الأساليب المعقدة الحالية والتي عملت على الكشف الدقيق عن الموصلات الكيماوية العصبية الدماغية والمراكز الدماغية المختلفة، قد لعبت دوراً كبيراً في استحداث أدوية انتقائية ذات

أعـراض جانبيـة مقبولـة وتعمـل "بشكل نـوعي" أي عـلى المـرض بالتحديـد دون إحداث حالة اعتماد أو تعود. ونرى في متنـاول أيـدينا الآن العديـد مـن العلاجـات كمضادات الاكتئاب، مضادات القلق، ومثبتات المزاج ومضادات الصرع وغيرها.

(2) العلاج السلوكي:

هذه الطريقة معتمدة على فكرة أن بعض الاضطرابات النفسية قد تكونـت ونشـأت نتيجـة اشتراطات سـلوكية سـابقة، فـلا بـد إذن مـن التعامـل مـع هـذه الاشتراطات بطرق مناسبة تهدف إلى حـل المشكل عـن طريـق سـلوكي. العلاج السـلوكي مفيد جـداً في حـالات الوسـواس القهـري، الرهاب بأنواعـه، الاكتئاب، اضطرابات الطعام، الانحرافات الجنسية، الإدمان وحتى في الفصام العقلي، بالاقتران مع العلاجات الكيماوية الأخرى .

(3) العلاج المعرفي:

وأصل هذا العلاج يعتمـد عـلى أن الاضـطرابات النفسـية هـي نتاج تفكير خاطئ مزروع في اللاوعي ويعبر عن نفسه تلقائياً في المواقـف المختلفـة، وهـو مـا يؤدي إلى تكوين طريقة تفكير خاطئة تحـدد تصوراتنا وانطباعاتنا نحو مختلـف الشؤون الحياتية، وطريقة العلاج تكون عن طريق رصد تلك الأخطاء في التفكير ومحاولة صياغتها بطريقة سليمة.

العلاج المعرفي له يد طولى في علاج الاكتئاب النفسي، القلـق العـام وحـالات الهلع إضافة إلى استخدامه في إضـطرابات الشخصية. وكثـير مـن الأحيـان مـا يتم الخلط بين العلاج المعرفي والسلوكي إضافة إلى العلاج بالعقاقير.

(4) أساليب أخرى مثل: -

(أ) العلاج النفسي التحليلي القصير والمركز على نقطة أو اضطراب معين.

(ب) العلاج العائلي.

(ج) العلاج الزوجي.

(د) العلاج الجماعي.

(5) العلاج بالاختلاج الكهربائي ويستعمل في الاكتئاب الشديد.

(6) الجراحة النفسية نادرة الاستعمال في حالات الوسواس القهري الشـديدة المستعصية.

35-فرص التحسن والشفاء

لم يكن أمام المرضى النفسيين عبر عصور طويلة من وسائل علاجية فعالة كما هو الوضع الآن، رغم أن المستشفيات النفسية عرفت في العهد الإسلامي وكانت على مستوى رفيع، إلا أن ما حدث من تطور في العقود الخمسة الأخيرة جعل في فرص التحسن والشفاء تقدماً هائلاً. إذ أن الأدوية الفعالة ضد الاكتئاب والذهان أصبحت متنوعة وفعالة في صورة لم يسبق لها مثيل، وهي أيضاً في طريقها للمزيد من التطور، ولكن الأمر يحتاج إلى توضيح بعض المفاهيم التي تختلط في أذهان الناس.

مفهوم الشفاء: إن مفهوم الشفاء مفهوم غير مطلق، ولا يمكن التعامل مع كلمة شفاء بما نصت عليه قرارات محكمة التمييز (بأن الشفاء هو انتهاء المرض وعدم الحاجة للعلاج، والضمانة بعدم تكرار المرض في المستقبل بأي شكل من الأشكال وبأي صورة من الصور)، وهذا لا يمكن تطبيقه لا على مريض ولا على غير المريض، ولا في المرض النفسي ولا في غير المرض النفسي، فهو مفهوم يعني بأن على الطبيب أن يعطي شهادة ضمان بعدم حدوث مكروه للمريض في المستقبل!!.

إن التحسن لا يمكن أن يكون مفهوماً إذا لم يكن المرض أساساً مفهوم، فنحن لا نستطيع أن نقول أن مريض السكري قد شفي، بل نقول أنه مستقر أو متحسن وهذا يعني أنه يتبع حمية غذائية ويتناول الأنسولين، ويستطيع الاستمرار بحياته بشكل طبيعي، وكذلك مريض الزهو الاكتئابي فإنه من الممكن أن يقال أنه في وضع تحسن، وهذا يعني أنه يمكن أن يمارس حياته الطبيعية

على أن يتابع علاجاته الموصوفة والإشراف الطبي، وهذا لا يعني إطلاقاً أن المرض لن يأتِ بل إنه إذا حدثت انتكاسة في الزهو الاكتئابي أو السكري، فسوف تكون تحت سيطرة وإشراف الطبيب المعالج، والذي بإمكانه ضبطها في وقت مبكر وعدم السماح لها بالتطور، وبالتالي فإن هناك تحسن جزئي، وتحسن بالعلاج، وتحسن مع المتابعة، وهناك حالات من التحسن بلا علاج، وأما الشفاء فهناك شفاء اجتماعي، وشفاء مسيطر عليه بالعلاج، وشفاء فيه شروط، وشفاء فيه زوال الخطورة على الفرد والمجتمع، وبالتالي من الممكن أن يشفى مريض الفصام شفاءً اجتماعيا بحيث أن ما لديه من أفكار ومسلكيات قد توقفت وانتهت، وأنه قادر على ممارسة حياته الطبيعة ضمن إطار أسري وتحت مراقبة ومتابعة الطبيب.

ولا بد أيضاً من القول أن فرص التحسن في الاضطرابات النفسية من القلق والاكتئاب والذهان الحاد وغيرها تفوق بكثير، فرص التحسن بالأمراض العضوية، وقد اعتبرت منظمة الصحة العالمية أن الاكتئاب هو ثاني مرض شيوعاً في العالم بعد أمراض القلب، ولكنه الوحيد من الأمراض العشرة الأولى القابل للشفاء.

الإدمان: كما أن هناك خلط كبير في موضوع استمرارية العلاج والإدمان، فإن العلاج طويل الأمد الذي يعني أخذ قرص يومياً أو ثلاثة أو إبرة شهرية يخلط على أنه إدمان، الإدمان ليس هو علاج طويل الأمد بل إنه زيادة في جرعات لعقار غير مقرر طبياً وحسب رغبة المريض، وتخطي الجرعات المقبولة إلى الجرعات القاتلة وتحملها، أما من يتناول قرصاً سواء مهدئاً أو مزيلاً للكآبة

أو مضاداً للذهان، أو إبرة كل أسبوع أو كل شهر، وحتى لو يأخذها لعشرات السنين، فهذا لا يعني إطلاقاً الإدمان عليها بل إنه يأخذها لاستمرار ضمان الشفاء والتحسن، وعدم حدوث انتكاسة مرضية.

المعالجة النفسية تعني الضعف: يصر الكثير من المصابين بالاضطرابات النفسية على أنهم سوف يتحدوا المرض ولا يريدوا الاعتماد على الكيماويات والأطباء، وكأنهم يتحدثوا عن مشكلة شخصية وليس مرضاً فيه تغيير بمراكز الدماغ ونشاط وكيماوياته.

العلاج بالقرآن الكريم: يصر الكثير من الناس أن الأمور النفسية هي أمور روحية، وبالتالي فعلاجها هو ديني بالصلاة والدعاء وقراءة القرآن الكريم، والطب النفسي يوافق على الاستعانة بالإيمان والدعاء وقراءة القرآن الكريم جنباً إلى جنب مع العلاج الطبي وليس بديلاً عنه، وهناك إجماع على أن في القرآن علاج لكل الأمراض لمن يؤمنون به.

36-خدمات الطب النفسي القضائي

إن الطب النفسي القضائي ليس مفهوماً معلقاً بالهواء، بل هو فرع طبي لا بد له من تواجد فعلي على أرض الواقع، فمن المفترض أن يتوفر لدى وزارة العدل قسم خاص بالطب النفسي القضائي، كما يجب أن يكون في هذا القسم أطباء نفسيين يعملوا على الكشف على من يوقفوا من قبل الجهات الأمنية، خصوصاً في الجنايات، والتأكد من حالتهم النفسية قبل ضياع الوقت، فبالتالي فإن هذا يعني وجود عيادات نفسية في كافة مراكز التوقيف، أو مراكز الإصلاح والتأهيل.

وإن خدمات الطب النفسي القضائي تقتضي وجود ما يلي:

(1) مستشفى للطب النفسي القضائي، كما هو معمول به الآن في المركز الوطني للصحة النفسية، ولكن بشكل أكثر تطوراً وتوزيعاً على المحافظات.

(2) جناح مستشفى نفسي في كل من السجون الكبرى، بحيث يتم معالجة بعض النزلاء الذين يمرضون أثناء وجودهم بالسجن، أو الذين يصلون إلى السجن في حالة نفسية مضطربة، أو يدخلون في أعراض الانسحاب.

(3) أن يكون خبراء الطب النفسي- القضائي جاهزين لتقييم المتهمين الموقوفين ومن حكم عليهم و للمساعدة في التدريب للعاملين في التحقيقات والإدعاء والقضاء والمحاماة.

(4) إن توفر خدمات الطب النفسي- القضائي لا تشمل فقط السجن والمستشفيات، بل إنها من الممكن أن تتم في المجتمع، حيث تأمر القوانين الحديثة بوضع فلان تحت المراقبة النفسية، أو إخراج فلان من المستشفى شريطة

مراجعته للطبيب، ويقـوم في هـذا عـادة مراقبـي السـلوك في المراكز الأمنية، بالإضافة إلى الأطباء النفسيين العاملين مع المحاكم، وقـد يـدعم هذا باختصاصيين اجتماعيين يعملون لـدى وزارة العـدل لتحقيـق هـذا الأمر، فبعض القضايا البسيطة قـد لا تتطلب الإدخـال للمستشـفى أو البقاء في المستشفى مدى الحياة، ويمكن خـروج المـريض ضـمن شروط معينة، وهذا ما يسمى (الإفراج المشروط).

(5) أن يراقـب نوعيـة المجـرمين وتغيرهـا وتطور أشكال الجريمة وأسـاليبها، بالتعاون مـع البـاحثين في علـوم الجريمـة وعلـم النـفس الجنـائي، ورجـال القانون، وذلك حتى يبقى هنـاك صـورة علميـة واضحة لتطور أشكال الجريمة وبالتالي تطور مكافحتها.

(6) دور الطبيب النفسي ـ في المحـاكم: إن الطبيب النفسي ـ الـذي يحضر ـ إلى المحكمة هو خبير، ولا بد أن يعامل على هذا الأساس، يقوم بعرض الحالة بصورة محايدة، وخلفياتها وتشابكها، ومع تأثير المرض أو عدم تأثيره على تصرف المتهم، إلى أن يصل إلى توصيات معينة يطرحها أمام القضاء، وقد دلت التجارب في دول أخـرى عـلى أن إمكانيـة وجـود أكـثر مـن خبير في وقت واحد، خبير من المحكمة وآخر من طرف الإدعاء وثالث مـن طـرف المتهم، قد يؤدي إلى نقاش مثمر ومفيد يعطي المحكمة رؤيـة واضحة لتصريف القضية، شريطة أن يتطور القـانون ولّا يقسم النـاس إلى عاقـل ومجنون.

مع الأسف الشديد فان الوضع القائم في الأردن والـدول العربيـة مـا زال دون مستوى الطموح.

37- وسائل التشخيص والمراقبة

إن وسائل التشخيص والمراقبة في الطب النفسي عديدة ومتفاوتة، فهناك من الحالات ما يحتاج إلى أقل من ساعة لتشخيصه، وأخرى قد تحتاج لأسابيع، أما وسائل التشخيص والمراقبة المتبعة فهي:

(1) أخذ السيرة المرضية من المريض أو ذويه، والإطلاع على محاضر التحقيق والاعترافات والشهود والمحكمة.

(2) تقييم الحالة النفسية للمتهم بطريقة مباشرة وغير مباشرة دون أن يعرف المتهم ما هي الطريقة، والمراقبة تشمل كل تصرف وحركة يقوم بها هذا المريض خلال وجوده في المستشفى، وفي الحالات التي تصل إلى الأطباء النفسيين فإن معظمها ينتهي تشخيصه خلال ساعة أو بضع ساعات أو بضع أيام على أقصى درجة.

(3) إجراء الاختبارات النفسية المختلفة التي قد تساعد على تشخيص الحالة.

(4) الحصول على تقارير اجتماعية عن وضع الشخص وعلاقته بالضحية.

(5) إجراء الفحوصات الطبية المخبرية المختلفة، والتأكد من تعاطي المهدئات والمؤثرات العقلية والمخدرات أو عدم ذلك.

(6) إجراء تخطيط الدماغ الكهربائي أو الرنين المغناطيسي للدماغ أو التصوير الطبقي، وذلك حسب ما يراه الطبيب ضرورياً.

(7) البحث في سوابق مرضية أو سجلات موجودة لدى مراكز أو أطباء أينما كانوا.

(8) قد يتم أحياناً إعطاء بعض الجرعات العلاجية لمراقبة آثارها.

(9) قد يستعمل أي أسلوب من أساليب تخفيف درجة المقاومة باستعمال بعض الأدوية أو الأساليب النفسية، للحصول من المريض معلومات عن مرضه وليس للحصول على اعتراف، فالاعتراف أمام الطبيب أو ضمن سياق الحديث الطبي لا يقبل في المحاكم.

وبما تقدم نجد أن التشدد في أن يتم مراقبة المريض في المستشفى لمدة أسبوعين من قبل المحاكم قد لا يكون له داعي، والمراقبة والتشخيص من الممكن أن تجري بالعيادة أو تتم في السجن أو في أي مكان آخر، ولا بد أن يتم تطويع القوانين لإعطاء هذه المرونة حتى يمكن تقديم الخدمة بالسرعة اللازمة، وبأقل عناء وكلفة ولا يفوتنا أن إدخال المتهم المدعي للمرض إلى المستشفى النفسي قد يشكل مصدر جديد للمعلومات والإدعاء نتيجة احتكاك المتهم بالمرضى.

38 -الاضطرابات النفسية في السجون

من الصعب التوقع بالأرقام الدقيقة للمرضى النفسيين داخل السجون، إذ أن السجين صاحب الإضطراب النفسي- قد يدخل السجن ويكون في حالة استقرار لاضطرابه النفسي، وبالتالي فإن من الصعب معرفته وتكون معلومة المرض النفسي- لدى طبيبه المعالج ولكن ليست لدى إدارة السجن المشرفة.

والعديد من الدراسات توصلت إلى أرقام ليست بالقليلة فيما يتعرض بنسبة الاضطرابات النفسية في السجون، أحدها وهي الأشهر تشير إلى نسبة تصل حوالي 40% من السجناء يعانون من اضطراب نفسي معين، وأشهرها على الإطلاق الإدمان على العقاقير وعلى الكحول، ولعل ما يزيد من نسبة هذه الاضطرابات الإدمانية هو سهولة الكشف والتعرف، إذ يدخل السجن المريض المدمن على عقار الهيروين مثلاً، ولا يجد المادة المدمنة فتتطور أعراضاً إنسحابية شديدة وملحوظة من قبل الجميع، ولكن في بعض الأحيان يتم تسريب وبيع المادة حتى داخل السجن من قبل النزلاء طويلي الأمد ويصعب التعرف على المريض المدمن.

الاضطراب الثاني الذي يليه هو اضطرابات الشخصية وغالباً ما تكون الشخصية ضد اجتماعية وهي المرشحة بقوة للدخول إلى السجن بسبب اختراقها المستمر للقانون والأنظمة، بعض الشخصيات الأخرى كالشخصية الحدية يكون الاندفاع وعدم السيطرة من العوامل المهيأة لانتهاك القانون.

الاضطرابات العصابية تتواجد في السجون بنسبة عالية أيضاً، وربما نضع في حساباتنا أن الدخول إلى السجن يشكل أزمة وشدة كبيرة وقد يكون القلق أحد الاستجابات الوجدانية لهذه الشدة.

تواجد الاضطرابات الذهانية كالفصام والذهان ألزوري والزهو الإكتئابي أكثر من المتوقع، وهي زيادة مبررة كون المرض الذهاني قد يكون المسبب للدخول إلى السجن نتيجة للأوهام المترافقة والهلاوس السمعية والبصرية والتي قد تشكل دافعاً للقتل أو الجريمة. من الممكن أيضاً أن يكون حكم السجن سبباً في حدوث انتكاسة جديدة للمرض الذهاني المستقر، وقد يبدأ المرض بعد دخول السجن.

التخلف العقلي متواجد أيضاً في السجون وربما تكون الزيادة لا بسبب زيادة حالات العنف لدى هذه الفئة المرضية، بل كون القبض عليهم يكون بسهولة أكبر حال ارتكابهم مخالفات بسيطة وهي الأكثر شيوعاً أو حال استغلالهم من قبل آخرين مستغلين قدراتهم العقلية المحدودة.

من الواجب الاهتمام بتنظيم العملية العلاجية لهؤلاء المرضى، وتتمثل الطرق بإيجاد أقسام نفسية متخصصة في السجون، أو وجود قسم قضائي في المستشفى النفسي بهدف الإشراف الذي يضمن الرعاية الطبية من جهة، ويحفظ الجانب الأمني والقانوني من ناحية أخرى، ويسهل هذا على إدارة نزلاء مراكز التأهيل والإصلاح بصوره أكثر كفاءة.

39 -الإساءة للطفل (Child Abuse)

زاد الانتباه إلى هذه الظاهرة عالمياً في بدايات الستينات من القرن الماضي، حيث تم الاصطلاح على "متلازمة ضرب الأطفال" لتعني العديد من التغيرات الجسمية في الفحص ألسريري والإشعاعي لدى الأطفال والتي توحي وتشير بقوة إلى إمكانية ضرب الأطفال من قبل آخرين.

إذن فالإساءة للأطفال تشمل طيفاً ممتداً من الإساءة على طرفه الأول يكون القتل للطفل، ويمتد ليشمل كل أشكال الإساءة الجسدية كالضرب و الإهمال، والإساءة النفسية والجنسية.

والمسببات تشمل العديد من الحالات كرغبة الوالد أو الوالدة من الخلاص من طفل غير مرغوب به كحالات الحمل غير الشرعي وغير القانوني، أو حالات قتل الرحمة حيث تقدم الأسرة على الخلاص من الطفل المعاق مثلاً رحمةً به من الحياة ومشاقها، أو نتيجة لتفريغ الغضب خارج أو داخل البيت فيصب جام غضبه على الطرف الأضعف ألا وهو الطفل، أو في حالة الطفل المشاكس أو العنيد أو صاحب فرط الحركة والذي لا يستطيع أبواه السيطرة عليه فيلجأن إلى ضربه والإساءة إليه.

من الغريب أن الإساءة المباشرة كالضرب من قبل الآباء الذهانيين تشكل نسبة قليلة من حالات الإساءة للطفل، رغم ما يكنف الذهاني من عالم غريب غير متوقع، ولكن في حالة الفصام المزمن فإن الأعراض السلبية تساهم في إهمال متطلبات الطفل وعدم الالتفات إليه مما يشكل إساءة خطيرة غير مقصودة تستحق التدخل وربما الفصل بين الطفل وذويه.

الإحصائيات العالمية تشير أن طفل من كل ألف طفل يمكن النظر إليه "كحالة إساءة إلى الطفولة" وتترافق كذلك مع زيادة نسبة الإساءة إلى أقرانه الأخوان والأخوات من نفس الشخص الموقع للإساءة.

الإساءة الجنسية للأطفال يجب أن تؤخذ بعين الاعتبار، وتتم الإساءة للأطفال بين عمر 6-15 سنة من أشخاص أكبر منهم، حيث تستغل طفولتهم لإرضاء الغرائز الشاذة التي تحرك المسيئين، وعلى المتعاملين مع الأطفال من الطواقم الطبية أو الأمنية والقانونية أن يراودهم الشك في الإساءة إلى الأطفال عند وجود العوامل التالية:

الأطفال

- وجود السجحات والضربات والحروق في الطفل.

- الكسور العظمية المتكررة.

- نزيف تحت الجلد، أو انفصال المفصل.

- النزيف من العين، والضربات الداخلية الناتجة عن نزيف من الأعضاء الداخلية.

- عدم القدرة على النمو والتطور.

- النظرة الجامدة غير المحمولة بالعواطف من قبل الطفل إلى أهله.

- العناية العكسية: حيث يظهر الطفل قلقاً باتجاه والديه أكثر من قلقهم هم باتجاهه.

الوالدين

- الإخبار المتأخر عن الإصابة.
- القصص المتناقضة حول الإصابة وعدم التطوع بإعطاء معلومات مفيدة.
- التعامل الميكانيكي مع الطفل دون عواطف مترافقة.

وهناك إهمال الطفل وعدم تلبية حاجاته دون إيقاع الأذى المباشر، وكذلك الإساءة النفسية والتي قد يصعب تحديدها والكشف عنها كالإساءة الجسدية والجنسية.

كما تترافق الإساءة إلى الأطفال مع الفقر، سن الزواج المبكر، التخلف العقلي لدى الأم، التاريخ ألجرمي للأبوين واضطراب الشخصية لديهم، التاريخ الإيجابي بوجود الإساءة للآباء أنفسهم من قبل آخرين في الصغر، كما تلعب حالات الاعتماد على الكحول والعقاقير دوراً مهماً إذا وجدت لدى أحد الأبوين.

إن العلاج الأمثل لحالات الإساءة للطفل يتحقق أساساً بوجود وعي أكبر للكشف عن الحالات المراجعة للمراكز الطبية والأمنية، مثالياً لا بد أن يأخذ الإجراء صورة سلطوية تقوم على الإلزام بعدم التكرار لمثل هذه الحالات، وذلك يجب أن يكون قائماً على تشريعات تحفظ مثل هكذا حقوق وتحمي الطفل وتصونه، إضافة إلى ذلك فإن المعالجة النفسية والكشف عن طبيعة العلاقة العائلية له أثر مهم في حصر هذه الظاهرة المزعجة.

وبالتالي فإن قانون حماية الطفل لابد أن يترافق مع مجموعة من الإجراءات والمرافق التي تسمح باستلام الشكوى من اشتباه الإساءة،

ويقوم فريق مهني متكامل بالتحقيق في الإساءة وإذا تبين أنها أكيده، توصي لجنة موسعة من الأطباء النفسيين والشرعيين والباحثين الاجتماعيين ومختصي العلاج النفسي والجهات الأمنية بالإجراءات اللازمة في الحالة المعروفة.

40-القتـــل

إن جريمة القتل من الجرائم التي تربك الرأي العام والناس والمعنيين والمختصين، باعتبارها من أعلى درجات الجريمة التي تؤدي بحياة الناس، ومن الممكن أن يكون القتل مرضياً في حالات عديدة منها:

(1) قتل الوليد (Infanticide): وهذا ما تقدم عليه المرأة بعد الولادة وخلال فترة النفاس، وعند دخولها في أعراض ذهان النفاس، فقد تقتله لاعتقادها أنه سيتعذب أو أن به روحاً شريرة، أو أنه يحمل فألاً سيئاً، كما قد تقتله في طريقها للانتحار، رأفةً به من عذاب الدنيا.

(2) قد يقوم مريض الفصام بالقتل أو محاولة القتل بناءً على الأوهام الاضطهادية أو الأوامر في الهلاوس السمعية، أو أنه يصطدم مع بعض الناس في شجار عندما يعلن عن نفسه، أنه نبياً أو ملكاً أو رئيساً وما إلى ذلك.

(3) مريض الاكتئاب خصوصاً الشديد منه يحاول الانتحار وقد ينتحر، ومن المعروف أن ربع حالات القتل يعقبها انتحار، بحيث أن الشخص يكون قد خطط لإنهاء حياة من يحب من أفراد أسرته قبل إقدامه على الانتحار ويسمى هذا بالقتل الرحيم، أو أن الانتحار يكون للهروب من العقوبة كالإعدام أو السجن المؤبد.

(4) قد يكون القتل أحد أشكال العنف الذي يواجه مريض الزهو أحياناً، عندما يحاول البعض إيقاف قطاره السريع وأفكاره ومشاريعه، مما يؤدي إلى إثارته بصورة غير عادية، وقد يؤدي ذلك للعنف والإيذاء فالقتل.

(5) الغيرة المرضية: إن الغيرة المرضية فيها خطورة دائمة بأن يقدم الـزوج أو الزوجة على قتل الطرف الآخر، لاعتقاده وأوهامه بأن الطرف الآخر يخـون، ومن هذه الحالة مآسي كثيرة تحدث في المجتمع، وقد يقوم الـزوج بقتـل زوجته وأبنائه ولشدة حبه لزوجته وشكه في أبوة أبنائه، يقـوم بعد ذلك بالانتحار وقد ينجح وقد لا ينجح.

(6) المؤثرات العقلية والعقاقير الخطرة قـد تـؤثر علـى سـيطرة الإنسـان علـى سلوكه وتصرفاته وإدراكه، مما يجعله يقدم على العنف ومحاولات القتل أو القتـل، وخصوصاً في مـدمني الهـروين وما يتعرضـون لـه مـن أعـراض إنسـحابية شـديدة، قـد تجعلهـم مضطرين للسرقة أو القتل أو العنـف للحصول على المادة المخدرة، وكثيراً ما يقـوم القتلة بتنـاول الكحول قبـل الإقدام على ارتكاب الجريمة، وهنـا يـرى القـانون أنـه طالما شرب بإرادتـه وكان هناك تصميم على القتل فإن الكحول لا يعفي من المسؤولية. والأمر مختلف في تشريعات ودول أخرى.

(7) القتل الناتج عن اضطرابات الوهم، ومثل هـؤلاء الأشخاص يكون لـديهم وهم واحد محدد، مثل أن تعتقد الفتاة بـأن شخصـاً مهمـاً فنانـاً أو رئيسـاً يحبها، وتبدأ بإزعاجه بالرسائل والهواتف المتتالية، وقد تطارده مـن مكان إلى آخر، وقد يصل الأمر إلى محاولة إطلاق النار أو القتل الفعلي عنـدما لا يتجـاوب معهـا، خصوصـاً أنـه يكـون غائـب الـذهن تمامـاً عمّـا يجـول في خاطرها. ومـن هـؤلاء المـرضى الـذين لا يتوقفون عـن تقـديم الشكاوي، ولوضع القضايا ويتسببون في أثقال القضاء بمواضيع غير موجبة أصلاً، حتى أنه يطلق عليهم تشخيص ذهان التقاضي   (Litigation Psychosis).

41 - المسؤولية الجنائية
(Criminal Responsibility)

هل يتحمل الإنسان مسؤولية ما قام به من فعل مخالف للقانون وما يترتب على هذا الفعل من تبعات وعقوبات؟

يعتبر الفعل جريمة إذا توافر فيه عنصران: -

الأول: متعلق بالفعل نفسه (Actus Reus) بأن يكون مخالفاً للقانون مثل الاعتداء على حياة الآخرين أو ممتلكاتهم، وهذا ما تعمل الجهات الأمنية والنيابة العامة على التأكد من حدوثه.

الثاني: أن تكون النية متوافرة لإحداث الإيذاء والضرر، أي أن يكون الفعل مقصودا ومتعمداً وأن يكون الجاني مدركاً لطبيعة ما يفعله، وهو ما يسمى قانونياً بالقصد الجنائي، وفي الطب النفسي (MENS REA) أو النية العقلية.

ولعل النقاش حول المسؤولية الجنائية يتركز على تداعيات النقطة الثانية.

الأصل في القانون والطب أن كل فرد يعتبر عاقلاً ومسؤولاً عن أفعاله إلى أن يثبت العكس. وهناك مستويان للدفاع القانوني على خلفية المرض النفسي.

(1) الدفع بعدم مسؤولية الفرد: بحجة الجنون وهنا يجب ان يثبت بان مرتكب الجريمة كان يعاني من نقص بالعقل وقت ارتكاب الجريمة وان هذا النقص ناجم عن مرض نفسي جعل المريض غير مدرك لطبيعة ونوعية العمل الذي ارتكبه، أو أنه كان

135

يعرف طبيعة العمل إلا أنه لم يكن يعرف انه خطأ! ويسمى هـذا الـدفاع بالـدفاع على قاعدة مكنوتن (McNaughton Rule)، وذلـك نسـبة إلى دانييـل مكنـوتن الـذي اغتال سكرتير رئيس الوزراء البريطاني ظناً منه أنه رئـيس الـوزراء، وكـان مكنـوتن يعتقد أنه ضحية مؤامرة كبرى وأن الرئيس جزء منها.

من الحالات التي قد تطبق عليها هذه القاعدة: -

- التخلف العقلي الشديد
- الخرف الشديد dementia.
- الهذيان .delirium
- المشي أثناء النوم (النومشة) somnambulism.
- الفصام schizophrenia.
- الصرع epilepsy : التلقائية أو الهذيان الذي يعقب نوبة الصرع.

إلا أن معظم القـوانين في العـالم لم تعـد تسـتعمل هـذه القاعـدة واسـتبدلتها بالمسؤولية المخففة.

<u>الدفع بالمسؤولية المخففة أو الناقصة:</u>

أساس المسؤولية الجنائية يقـوم عـلى وجـوب تـوافر ملكتـي الإدراك والإرادة لدى الفاعل، فإن فقد أحد هذين الشرطين أو كلاهما تعـذرت مسـاءلته جزائيـاً ولا شك أن بعض الاضطرابات النفسية قد تؤثر على إدراك أو إرادة المصاب أو كليهما.

إن مفهوم المسؤولية المخففة قد اخذ به في القانون الإنجليزي في العام 1975، وهو ينص على تقليل المسؤولية عن الجريمة إذا ثبت أن المتهم يعاني من حالة تؤثر على قوى الفهم أو السيطرة لديه.

تتعدد الاضطرابات النفسية التي تفضي- إلى مسؤولية جنائية مخففة، وقد تتجاوز حالات التخلف العقلي والذهان والصرع والتلف العضوي إلى بعض حالات العصابية والاندفاعية ، وكثيرا ما يتعذر تحديد ذلك نظراً، لأن طبيعة الاضطراب النفسي قد تكون متباينة الحدة بين فترة وأخرى، كما أنه في غالبية الحالات فإن الحالة العقلية للمريض يتم تقييمها ليس أثناء ارتكاب الجريمة وإنما بعد فترة حينما يلاحظ ذلك أو يدفع به كعذر مخفف، ومما يساعد على تحقيق العدالة أن يتم تقييم المتهمين بالجنايات فور إلقاء القبض عليهم، وكما يساعد أن يتم تعديل القوانين بحيث يتوفر للقاضي عدة وسائل للتصرف في الحالات المختلفة بناءاً على تقرير طبي نفسي مفصل فيه توصية لتدبير الحالة.

42 -القدرة على المثول أمام المحاكم

هل يستطيع المتهم فهم الأدلة والبيانات؟ وهل هـو قـادر عـلى الـدفاع عـن نفسه أمام المحكمة؟

هناك مجموعة من الشروط يجب توفرها لاعتبار الشخص قادراً عـلى المثول أمام القضاء ولديه القابلية للدفاع عن نفسه وهي:-

1- يجب أن يكون المتهم قـادرا عـلى فهـم و إدراك أهميـة السـؤال "هـل أنت مذنب أم بريء؟".

2- أن تكون لديه القدرة على توجيه مستشاره القانوني.

3- له القدرة أو القابلية على فحص إفادات الشهود.

4- له القدرة على فهم ومتابعة البينة أمام المحكمة.

أهم الاضطرابات النفسية التي تجعل المتهم غير قادر على المثول أمـام المحكمة والدفاع عن نفسه: -

1- التخلف العقلي الشديد.

2- الفصام.

3- الهذيان.

4- الخرف المتقدم.

5- اضطراب الإدراك.

6- الجمود الحركي النفسي سواء كان ذهانياً أو اكتئابيا.

7- بعض حالات اضطراب المزاج الشديدة.

لعله من المهم الإشارة إلى أن العلاقة بين الإضطرابات والقدرة على المثول أمام المحكمة ليست علاقة ثابتة، إنما يفترض بالأمر أن تعامل كـل حالـة عـلى حـده، وأن الحالة أثناء المحاكمة ليست

بالضرورة نفس الحالة أثناء ارتكاب الجرم، كما أن بعض الاضطرابات تسلك سلوكاً خاصاً من حيث الانتكاس أحياناً والتحسن أحياناً أخرى مثل مرض اضطراب المزاج ثنائي القطب، حيث قد يكون المريض تقريباً طبيعي ثم لا يلبث أن يفقد بصيرته إذا ما أصيب باضطراب الزهو.

والمشكلة في القانون الأردني أنه إذا تبين أن المتهم لا يستطيع المثول أمام المحكمة وفهم مجرياتها، تأمر المحكمة بحجزه في مستشفى الطب النفسي ـ حتى يصبح قادراً على ذلك، ولا تتم محاكمته، مما يعني أن المعاق عقلياً سوف يقضي باقي حياته في مستشفى الطب النفسي، لتهمة سرقة لم تثبت ولم يحاكم عليها ولو كان قد حوكم وتبين أنه مذنب لكانت عقوبته ستة شهور، وهنا لابد من تعديل هذه القوانين بحيث لا يقع الظلم على إنسان لأنه مصاب بالفصام الشديد أو الإعاقة العقلية.

43-الأهليـة العقليـة (Mental Capacity)

إن الأهلية العقليـة لا تكـون مطلقـة ولكـن هنـاك درجـات تختلـف حسـب اختلاف الموضوع، فمن الممكن أن يفقد الإنسـان أهليتـه العقليـة في كافـة الأمـور، سواء كان التصرف بالأموال أو البيع والشراء والتوقيع، وهذا يحدث عادةً في الخـرف أو في بعض الأشخاص ذوي الإعاقة العقلية، ولكن الأهلية ممكـن أن تكـون في أمـور محددة مثل:

(1) **الأهلية للمثول أما المحاكم:** وهذه تتطلب تحديداً فيما إذا كان الشخص قادراً على فهم مجريات المحاكمة، وقادراً على فهم الفـرق بـين الاعـتراف بأنه مـذنب أو غـير مـذنب، وهـذه أهليـة قـد تكـون مطلوبـة للمـتهم، وأحياناً قد تكون مطلوبة للشاهد أيضاً، وفي أحيان أخرى ممكـن أن يـتم التساؤل عن أهلية الشخص الذي وقعت عليـه الجريمـة، مثـل أن تكـون فتاة يقال أنها تعـاني مـن إعاقـة عقليـة، وبـرغم أن عمرهـا في الخامسـة والعشرين إلا أن قدرتها العقلية في الثانية عشرة، وهـي غـير قـادرة عـلى إعطاء الموافقة أو الرأي فيما يحدث، وهذا يغير من سير المحاكمة.

(2) **أهلية قيادة السيارات:** فمن الممكن أن يكون الشخص كامـل الأهليـة في أمور كثيرة، إلا أن أهليته لقيادة السيارات تمنعها نوبات من الصرع الكبير أو الصرع الجزئي أو الصرع الجزئي المعقد، والتي قد تـؤدي بـه للحـوادث المختلفة، ومازالت القوانين المعمول بهـا لا تحـدد هـذا الموضـوع بصـورة عملية واضحة.

(3) **أهلية البيع والشراء وإبرام العقود:** وهنا لا بد من التأكد من أن الشخص يعي تماماً ماهية الشراء أو البيع، وما يشتري أو يبيع، وقيمته الفعلية وقيمة السوق، والسبب الفعلي للبيع والشراء، حتى يكون هذا البيع جائزاً وتكون أهلية المريض العقلية جاهزة في هذا الاتجاه.

(4) **الأهلية للزواج:** وهذه أيضاً قد تكون حالة خاصة عند بعض المرضى، كمرضى الفصام أو الهوس أو الزهو، وقد يكون هناك فقدان كامل للأهلية مما يمنع البحث في فكرة الزواج، وأما الأهلية للزواج فإنها تنطبق على ذوي الإعاقات المختلفة والقدرات العقلية، ولا يمر يوم إلا ونشاهد به من قام بتزويج ابنه المعاق عقلياً لفتاة وبدأت الخلافات بعد ذلك بالظهور، أو تم تزويج مصاب بالفصام دون أن تعرف العروس وأهلها، والنصوص القانونية في هذا الشأن ليست كافية.

(5) **الأهلية لكتابة الوصية:** إن كتابة الوصية تتطلب من الشخص القدرة على معرفة المستفيدين من ثروته، وحجم هذه الثروة، وقيمتها التقريبية، والمستفيدين منها والذين سيحرمون من الوصية، أو سيُهْضَم حقهم، حتى تصبح الوصية ذات صفة قانونية قطعية، وفي حالة وجود اضطراب نفسي ـ ينصح بأخذ رأي طبي وتوثيقه عند كتابة الوصية.

(6) **الأهلية لتولي منصب معين:** وهذه درجة عالية من التقدم والتي تعني أن الفرد المرشح لوظيفة قيادية، لا بد من التأكد من سلامته العقلية وقدرته على القيام بهذا

الواجب، وإمكاناته بالتصرف في مثل هذه الأحوال، وقد يأتي ضـمن هـذه الأهلية ما يتم التساؤل عنه في الكثير من الأحيان عن أهلية طبيب جـراح لممارسة عملـه، أو حالـة كـابتن طيّـار أصيب بجلطـة دماغيـة، أو بعـض الوظائف القيادية في مؤسسات معينه، ويمكن أن يصل الأمر للإلـزام مثـل امتناع شركات التأمين عن تـأمين طـائرات شركة معينـة مـا لم يتم إجراء فحص نفسي لطياريها.

143

44- الحجـر والوصايـة (Euardianship)

إن موضوع الحجر والوصاية موضوع لعبت به السينما العربية والمسلسلات دوراً هداماً، أدى إلى تخوف الناس من هذه النقطة، وبالتالي فإن تردد الكثير من الناس لمراجعة الطبيب النفسي هو أن يتم استعمال هذا الملف أو السجل لأغراض تضر بالمريض وتحديداً الحجر عليه أو فقدان وظيفته.

ومن المعروف قانونياً أن السرية الطبية تمنع الطبيب من إعطاء أي معلومات عن أي مريض لأية جهة كانت إلا للمريض نفسه أو لذويه إذا كان غير قادر على أخذ التقرير، أو بطلب من الإدعاء العام أو القضاء بمختلف أشكال المحاكم.

ومن الناحية الطبية فإن الحجر على المريض ينظر إليه كما ينظر إليه قانونياً، وبالأساس لحماية هذا المريض من نفسه أولاً ومن الآخرين ثانياً، وأن هذا يتم بناءً على تقرير طبي تقبله المحكمة وتناقشه، وتصل إلى قناعة في أهمية الحجر، ثم تقوم المحكمة بالبحث عن الوصي المناسب.

وفي هذا السياق أيضاً فإن بعض الدول طورت الحجر ليصبح بناءً على رغبة الطبيب المعالج، إذا لم يكن من العائلة أحد يكترث، كما طورته بعض الدول إلى أن يكون الوصي هو الطبيب نفسه أو الطبيب مع شخص آخر أو الطبيب مع القاضي، والمجال في هذا الإطار مفتوح للاجتهاد والتطوير، ولكن الأساس في الحجر والوصاية أن تقوم المحكمة بالمحافظة على أموال المريض والصرف منها عليه بقية عمره، وبعد وفاته تعود لورثته.

45-القوانين الأردنية والطب النفسي

من الملاحظ أن القوانين الأردنية بمختلف أشكالها قد أغفلت الطب النفسيـ وما زالت القوانين تصاغ بطريقة تتناسب مع القرون الماضية، فلا يذكر الطب النفسي والاضطراب النفسي في أي من القوانين، ويكتفي بمفهوم الجنون الغير معرف من الناحية العلمية، ويعتبر القانون الأردني أن الإنسان إما أنه عاقل أو مجنون، وحقيقة الأمر عند الإطلاع على التقسيمات العالمية للاضطرابات النفسية لا نجد مثل هذه الإجابة الحادة القاطعة، وأن الناس تتراوح في إدراكها وذكائها وقدراتها العقلية وفهمها.

كما أن هناك كم من الناس من يصاب بمرض نفسي وقد يصل هذا إلى خمس أو ربع سكان البلد الواحد، وبناءً عليه فإن وجود إضطراب نفسيـ لا بد من أخذه بالاعتبار ضمن ظروف القضية المنظورة أمام المحكمة، وهذا لا يعني بالضرورة سقوط الأهلية الكامل أو صمودها الكامل، حتى في من يعاني فرضاً من الفصام الذي يقوم أحياناً ببعض التصرفات مثل سرقة بسيطة أو اعتداء بسيط، ولا يثبت وجود علاقة بين هذا السلوك والمرض الأصلي وأعراضه، فإن الأمر ليس على إطلاقه، وليس المريض بالفصام معفى دائماً، وليس المريض بغير الفصام مسؤول دائماً.

وإذا أخذنا مثلاً في مرض الاكتئاب، نجد أن هناك درجات متفاوتة قد تؤثر على قدرة الفرد في الحكم واتخاذ القرار وفهمه للقرار، وذلك أنه ينظر للأمور من منظوره السوداوي القاتم.

وبالتالي فإن قانون العقوبات وقانون أصول المحاكمات أغفلا أيضاً الإعاقة العقلية وتم خلط الإعاقة العقلية بالاضطراب النفسي،

وجعلها كلها تتلخص بالجنون، أو إدراك وعدم إدراك كنه الأفعال، هذه من النقاط التي يجب مراجعتها، وكذلك الأمر في قانون الأحوال الشخصية والوصاية والحجر، فهو لا يلزم القاضي بالحصول على تقرير، كما أن القوانين بصورة عامة لا تلزم أن يكون التقرير من طبيب نفسي، والمفترض أن يكون طبيباً نفسياً مسجل بقائمة الخبراء العدليين، وتكتفي بكلمة طبيبين حكوميين، أي أنه من الممكن أن يكون أحدهما بيطري والآخر طبيب أسنان ومع ذلك سميّا بالقانون طبيبين حكوميين، وإذا تحدثنا عن لجنة فاللجنة هي ثلاثة أو خمسة، وإذا تحدثنا عن طبيب فهو واحد، أما إذا تحدثنا عن اثنين فلا معنى لها في هذا السياق.

والذي لوحظ عبر السنوات الماضية أنه عند القيام بتعديل القوانين ليس هناك دور لأهل الخبرة والمعرفة في البنود التي تتعلق بالاضطرابات النفسية، وهذا ما أخّر تطور القانون، وجعل هناك بعض القضايا التي لا يرضى عنها أحد، مثل شاب معاق قضى أكثر من عشرين عام في المركز الوطني للصحة النفسية، لأنه يعاني من إعاقة عقلية، فأمر القاضي بإيداعه في المركز الوطني للصحة النفسية حتى يثبت شفاؤه شفاءً تاماً، والإعاقة العقلية لن تشفى وهذا يعني إساءة لحقوق المريض وحقوق الإنسان، إن التطبيق لحرفية القانون وعدم أخذ الموضوع بجوانبه الواسعة قد سجن هذا الشاب، وقد أصبح كهلاً الآن بسبب هذه التهمة البسيطة والتي تجاوزت العقوبة التي يأخذها الشخص العادي بكثير.

وهذا أيضاً من الأمور التي تلاحظ في القوانين الأردنية، أنها لم تحدد فترة زمنية لأي حالة، حتى أن الاتجاه الآن بين كبار المحامين

في الجنايات عدم ذكر المرض النفسي رغم وجوده، لأن ذكره يؤكد الحكم المؤبد، وهذا المؤبد قد يكون أيضاً دون محاكمة ولا ثبوت للجريمة، خصوصاً إذا لم يكن المتهم قادراً على المثول أمام المحكمة، في حين أنه إذا حوكم محاكمة عادية قد ينتهي الأمر ببضع سنوات من السجن وينتهي الأمر، وهذا أيضاً ليس حلاً بل هو محاولة يائسة للخروج من مأزق القانون، والذي لا أفهم وغيري من الأطباء هو التمسك الغريب في نصوص قانونية أكل عليها الزمان وشرب، ولا بد من أن يتم تغييرها وتصويبها بما يتمشى مع روح العصر والتطور العلمي الهائل الذي حدث في هذا المجال، أخذين بالاعتبار أننا في دولة قانون ودستور تحترم حقوق الإنسان، وهذا الإنسان قد يكون مجرماً أو مريضاً ولكن الدستور يحفظ له حقوقه وهذا ما يجب أن تترجمه القوانين المختلفة.

46- الإدخال الإلزامي في المستشفيات النفسية في الأردن

صدر في عام 2008 قانون الصحة العامة رقم (47) والذي خصص الفصل الرابع فيه للصحة النفسية والإدمان وجاء فيه:

المادة (13)

يجوز تخصيص قسم من أي مستشفى عام للمصابين بالأمراض النفسية والإدمان على المخدرات والمؤثرات العقلية، على أن يعين في المستشفى طبيب اختصاصي أو أكثر حسب الحاجة يساعده عدد من الأطباء المقيمين ومن الموظفين المختصين.

المادة (14)

(أ) يتم إدخال المصابين بالأمراض النفسية والإدمان على المخدرات والمؤثرات العقلية إلى المستشفيات أو إلى الأقسام المخصصة لذلك، اما بصوره اختيارية أو إجبارية ويتم الإدخال جبراً في أي من الحالات التالية:

1. إذا كانت حالة المريض أو المدمن تستدعي طريقة علاجية لا تتم إلا في المستشفى أو في الأقسام المخصصة لذلك.
2. إذا كان المريض أو المدمن يسبب أذى لنفسه أو للآخرين سواء كان مادياً أو معنوياً.
3. إذا أصدرت المحكمة قراراً بذلك بناء على بينة طبية.

(ب) يشترط في حالات الإدخال المنصوص عليها في البنود (1) و(2) من الفقرة (أ) من هذه المادة ما يلي:

1. تقديم طلب موجه إلى مدير المستشفى.
2. صدور تقرير مـن طبيب مخـتص بـالأمراض النفسـية يؤكـد الطلـب الموجه إلى مدير المستشفى.
3. موافقة مدير المستشفى أو من يقوم مقامه.

المادة (15)

إذا كان إدخال المريض إلى مستشفى الأمراض النفسية قد تم بصورة إجبارية، فللوزير أن يقرر تحويل المريض إلى لجنـة مختصـة بـالأمراض النفسـية للتأكـد مـن وجود الأسباب الموجبة لإدخاله وله بناء على تنسيب اللجنة أن يقرر إخراج المـريض أو إيقاف إدخاله وذلك باستثناء الحالة المبينة في البند (3) من الفقرة (أ) من المادة (14) من هذا القانون.

المادة (16)

إذا شفي المريض وأصبحت حالته تسمح بإخراجه مـن المستشـفى فللطبيـب بموافقة مدير المستشفى إخراج المريض وإعلام ذويـه بتـاريخ المغـادرة أمـا إذا كان إدخاله عن طريق المحكمة فيجب إعلام المحكمة بشفائه.

47- واجبات الطبيب النفسي

إعلان هاواي:

صدر عام 1977 عن المؤتمر العالمي السادس للطب النفسي في هونولولو في هاواي وتم تعديله في المؤتمر السابع عام 1983 وينص على المتطلبات الأخلاقية لممارسة مهنة الطب النفسي:

أولاً: يهدف الطب النفسي لمعالجة الاضطرابات النفسية، وتحسين الصحة النفسية بكل الإمكانات المتاحة، وضمن المعايير الأخلاقية مع مراعاة مصلحة المريض أولاً وأخيراً ضمن المصلحة العامة.

ثانياً: على الطبيب النفسي أن يقدم أفضل العلاجات المتوفرة حسب علمه ويقوم بعلاج المريض بكل احترام وكرامة ومراعاة لحقوق الإنسان.

ثالثاً: يسعى الطبيب النفسي لعلاقة علاجية على أساس من التفاهم، فيها السرية والتعاون والمسؤولية المشتركة، وإذا تعذر ذلك بسبب وضع المريض النفسي فلا بد من أن يكون للأسرة دور في هذه العلاقة.

رابعاً- على الطبيب النفسي أن يبلغ المريض بمرضه وعلاجه والبدائل المتاحة والنتائج المتوقعة، وإذا كانت حالة المريض تسمح فإنه يعطى حرية الاختيار بين أكثر من أسلوب علاجي.

خامساً: لا يجوز القيام بأي إجراء أو علاج ضد رغبة المريض، إلا إذا كان المريض وبسبب مرضه غير قادر على الحكم الصحيح واختيار الأفضل له، وعندما يكون عدم إعطاء العلاج يؤدي إلى تبعات خطرة على المريض والمحيطين به.

سادساً: عند انتهاء شروط الإدخال ألقسري بالمستشفيات على الطبيب النفسي إنهاء الطبيعة القسرية للعلاج ومحاولة الحصول على موافقة طوعية لاستكمال العلاج وعلى الطبيب النفسي إطلاع المريض وذويه على الأبعاد القانونية في الحالة.

سابعاً: على الطبيب النفسي أن لا يستعمل إمكاناته المهنية للتعدي على كرامة وحقوق الإنسان كفرد أو مجموعة، وأن لا يسمح لمشاعره ورغباته وآرائه الشخصية أن تؤثر على علاجه، كما أن على الطبيب النفسي أن لا يستعمل خبراته إذا وجد أن الإنسان لا يعاني من مرض نفسي، وأن لا يخضع لضغوط تطالب بإجراءات لا تتماشى مع القواعد العلمية والأخلاقية في ممارسة المهنة.

ثامناً: كل ما يقوله المريض للطبيب خلال تقييمه وعلاجه يجب أن يبقى سراً، ما لم يسمح المريض للطبيب بإعطاء هذه المعلومات، كما أن على الطبيب أن يتجاوز السرية الطبية ويبلغ المريض بذلك إذا كان هناك ضرورة لمنع الأذى للمريض نفسه أو الآخرين.

تاسعاً: لا بد من الحصول على موافقة مستبصرة من المريض قبل عرض حالته للتدريس أو استعمال قصته في دراسات علمية، والتي بالضرورة تحافظ على السرية المطلقة للمريض، وهذا ينطبق على مشاركة المريض في الدراسات والبحوث والتي لا بد أن يوقع فيها على موافقة مستبصرة بعد أن يتم شرح الدراسة وأهدافها ومخاطرها له أو لولي أمره، وأن لا يكون امتناع المريض عن ذلك سبباً يؤثر في جهود الطبيب لمعالجة المريض.

عاشراً: على الطبيب النفسي أن يتوقف عن كل ما يتعارض مع مبادئ هذا الإعلان سواء من أساليب علاجية أو تعليمية أو برامج بحث ودراسة.

إعلان مدريد

صدر في مدريد عام 2002 عن الجمعية العالمية للطب النفسي و ينص على ما يلي:

1. أن الطب النفسي هو أحد فروع الطب المعني بتشخيص وعلاج وتأهيل الأفراد المصابين بأمراض واضطرابات نفسية، وكذلك العمل على رفع شأن الصحة النفسية، وعلى الطبيب أن يقدم أفضل أشكال العلاج المناسبة وأن يطلب مشورة الزملاء إذا لم يكن لديه القدرة على تقديم العلاج، كما أنه لا بد للطبيب أن يكون على معرفة بكلفة العلاج المقدم.

2. من واجبات الأطباء النفسيين الاستمرار في التطوير العلمي في مجال اختصاصهم وإيصال المعلومات للآخرين وإجراء البحوث والدراسات التي تعمل على تطوير هذا العلم.

3. لا بد أن يتم قبول المريض كشريك في العملية العلاجية وأن تكون العلاقة بين الطبيب والمريض قائمة على الثقة المتبادلة والاحترام، التي تسمح للمريض بإعطاء قرارات مستبصرة، وعلى الطبيب تزويد المريض بالمعلومات اللازمة للوصول إلى مثل هذه القرارات.

4. في حالة وصول المريض إلى درجة شديدة من الإعاقة والاضطرابات وعدم القدرة على إعطاء الأحكام

الصحيحة، فعلى الطبيب أن يتشاور مع الأسرة في اتخاذ الخطوات القانونية التي تحافظ على كرامة وإنسانية المريض وحقوقه القانونية، وأن لا يجبر على العلاج إلا إذا كان هناك تأثير على حياته وحياة من حوله. والعلاج دائماً يكون من أجل مصلحة المريض.

5. عندما يطلب من الطبيب النفسي تقييم شخص، فعلى الطبيب إعلام هذا الشخص بأنه سيقوم بتقييمه وعن الهدف من ذلك ولمن ستكون نتائج التقييم متاحة، خصوصاً عندما يكون هناك طرف ثالث مثل المحاكم أو شركات التأمين أو المؤسسة التي يعمل بها المريض.

6. كافة المعلومات التي يحصل عليها الطبيب من خلال العلاقة العلاجية يجب أن تبقى سرية وتستعمل فقط من أجل تحسين الحالة النفسية للمريض ولا يجوز للطبيب استعمالها لأغراض شخصية أو منافع مالية أو أكاديمية. ويمكن تجاوز السرية الطبية عندما يكون هناك خطر جسدي أو معنوي على المريض أو آخرين، في مثل حالات الإساءة للطفل التي لا بد من الإبلاغ عنها ومع ذلك يتم إعلام المريض بالخطوات التي ستتخذ.

48- إعلان حقوق المريض النفسي في الأردن

جمعية أطباء الأمراض النفسية الأردنية

نقابة الأطباء الأردنية عمّان-الأردن

البند الأول (حقوق إنسانية):

1. من حق المريض التمتع بكافة الحقوق المدنية والإنسانية والسياسية والإجتماعية التي يتمتع به غير المريض، حسب ما ورد في الشرائع السماوية والدنيوية.
2. من حق المريض على مجتمعه أن يتقبله ويحترمه ويتعامل معه معاملة لائقة وكريمة فيها إنسانية، وأن يعتبره فرداً من أفراد المجتمع.
3. من حق المريض أن لا يتم التمييز ضده بسبب المرض سواء من الناحية الاجتماعية أو المهنية أو التعليمية وغيرها.
4. من حق المريض مقاضاة كل من يسخر منه أو يسيء إلى سمعته أو ينتهك حق من حقوقه.

البند الثاني (العلاج):

1. من حق المريض الحصول على العلاج المناسب بأسرع وقت ممكن، وأن يتوفر هذا العلاج في شبكة من الخدمات الصحية المنتشرة في المملكة.
2. من حق المريض اختيار الطبيب والمكان الذي يعالج فيه، بما يتناسب والمادة (15) من قانون الصحة العامة لعام 2002.

3. من حق المريض غير القادر على اتخاذ قرار علاجه بسبب حالته النفسية تطبيق المواد (18،17،16) من قانون الصحة العامة لعام 2002.
4. من حق المريض أن يطلب أكثر من رأي طبي لحالته، أو أن يقوم الأهل بهذا الطلب.
5. من حق المريض عدم ذكر أسمه أو تصويره أو الإشارة إلى ما يمكن أن يؤدي إلى كشف هويته، سواء في البحوث والدراسات، أو المحاضرات والمؤتمرات أو وسائل الإعلام المسموعة والمقروءة والمرئية.
6. من حق المريض حمايته من المشعوذين والدجالين، ومن يدعي القدرة على الشفاء والعلاج بكافة أشكاله.
7. من حق المريض الحصول على تقرير طبي بحالته، وعلى الطبيب المحافظة التامة على السرية وعدم إعطاء التقرير إلا للمريض أو ولي أمره أو للمحاكم والإدعاء العام.
8. من حق المريض أن لا يجرى عليه أي بحث أو دراسة إلا بعد موافقته، أو موافقة ولي أمره بعد إيضاح أهداف الدراسة والبحث.
9. من حق المريض عدم استثناء مرضه من التأمينات الصحية الحكومية والرسمية والخاصة.
10. من حق المريض عدم استثناء مرضه من لوائح الضمان الإجتماعي والتقاعد المبكر، وكافة أشكال التعويض المهني والمدني والإجتماعي.

<u>البند الثالث (الحرية):</u>

1. من حق المريض تشكيل جمعيات مع المرضى الآخرين، للتعريف بمعاناتهم والمطالبة بحقوقهم الصحية والإجتماعية والقانونية والمدنية.

2. من حق ذوي المرضى النفسيين الحصول على الرعاية والدعم الحكومي والشعبي، والقيام بكل أشكال الضغط على صناع القرار وتشكيل اللجان والجمعيات لتحقيق هذا الغرض.

<u>البند الرابع (الوظيفة):</u>

1. من حق المريض أن يدرس ويعمل ويستمر في حياة مستقلة قدر ما تسمح به حالته.

2. من حق المريض الاستمرار في مزاولة عمله أو دراسته طالما رأي الطبيب المختص المعالج ذلك، وإذا تطلب الأمر تشكيل لجنة طبية نفسية لبيان قدرته على مزاولة عمله أو الاستمرار في مهنته أو دراسته.

3. من حق المريض غير القادر على ممارسة العمل وليس له دخل، أن يتوفر له الحد الأدنى للدخل والعلاج والسكن والمأكل والرعاية الاجتماعية الملائمة لحقوق الإنسان.

<u>البند الخامس (القانون):</u>

1. من حق المريض أن يكون له تمثيل في كافة اللجان التي تنظر في التشريعات والقوانين التي لها مساس بالمريض النفسي، بحيث يتم تعديل التسميات القديمة غير العلمية وإلغائها كالجنون والاستعاضة عنها بالتسميات الطبية

159

الحديثة، وإدخال مبدأ تخفيف المسؤولية المستند بتقارير طبية من مختصين مؤهلين، وأن يكون التقرير النفسي- مفصلاً ويتناول كل حالة على حده، ويعطي توصيات في تصر-يفات الحالات، والعمل على عدم حجز المريض النفسي بقية عمره ومخالفة أبسط قوانين حقوق الإنسان، كما أنه من حق كل من حاول الانتحار أن يتم تقيمه نفسياً قبل إغلاق قضيته من قبل المدعي العام، وأن يكون هناك مراجعة دائمة لكافة القوانين التي تتعلق بالمرض النفسي- بما فيها قانون العقوبات وقانون الأحوال الشخصية وقانون المخدرات والمؤثرات العقلية.

T0147225

Printed in the United States
By Bookmasters